NOS CRÉOLES

DU MÊME AUTEUR

Les Criminels, Paris, 1888.

Le Crime en pays créoles, Lyon-Paris, 1889.

ÉVREUX, IMPRIMERIE DE CHARLES HÉRISSEY

A. CORRE

NOS CRÉOLES

Difficile est satiram non scribere.

PARIS

NOUVELLE LIBRAIRIE PARISIENNE
ALBERT SAVINE, ÉDITEUR
12, *rue des Pyramides*, 12

—

1890
Tous droits réservés.

PRÉFACE

En écrivant ce livre, j'ai simplement cherché à faire connaître, sous le jour où elles se montrent à l'Européen impartial, nos anciennes colonies et leurs populations. Je n'ai pas écrit un pamphlet; je prétends n'avoir pas chargé les couleurs. J'ai dit la vérité, et les personnes qui ont vécu dans les pays créoles me rendront cette justice, j'en suis bien convaincu.

Mais les créoles! Je m'attends à leurs clameurs: l'on est si mauvais observateur de soi-même! Ceux-là qui, parmi eux, ont quelque indépendance et aussi quelque sagacité d'esprit, avoueront pourtant que les choses répondent assez fidèlement à mon tableau, et ils me sauront gré des réticences entrevues à maintes pages de mon livre.

Je ne suis pas un ennemi des créoles. Tout au contraire, je les aime et j'apprécie très haut leurs qualités. Mais, Français de la Métropole, j'ai à déplorer l'immixtion de l'élément colonial dans nos propres affaires, la prépondérance dangereuse que cet élément a conquise par l'intrigue, au sein du ministère de la marine et qu'il essaie d'acquérir en d'autres ministères. Pour contribuer, dans une modeste part, à mettre un frein à des appétits qui menacent de compromettre le budget de la défense de notre littoral, les intérêts de notre commerce et de notre industrie, je m'efforce d'éclairer l'opinion sur des points qu'elle ignore.

Armé de nombreux documents, il m'eût été facile de me livrer à des attaques toutes de personnalités. Je m'en suis abstenu.

Au lecteur de juger si mon livre a sa raison d'être... tout au moins s'il offre un réel intérêt de curiosité.

Brest, le 25 avril 1890.

Dr A. CORRE.

NOS CRÉOLES

CHAPITRE PREMIER

LES ORIGINES DE LA POPULATION

Nos colonies peuvent se répartir en deux groupes :

Celles qui ne possèdent qu'une population européenne très clairsemée, sédentaire ou passagèrement établie dans les villes, et qui, tout à côté de la civilisation métropolitaine, conservent la civilisation des races autochtones, comme le Sénégal, Pondichéry, l'Annam, etc. ;

Celles qui ont acquis, après une élimination des races autochtones, une population spéciale, sans doute composée d'éléments ethniques très dissemblables, mais rendue homogène par son adaptation plus ou moins parfaite à la civilisation métropolitaine, comme la Guyane, la Martinique, la Guadeloupe, la Réunion (île Bourbon).

A ces dernières (qui comprenaient autrefois la Louisiane, Saint-Domingue, Maurice, etc.), on réserve plus particulièrement le nom général de *Pays créoles* (de l'espagnol *criollos*, expression servant à désigner tout d'abord les descendants des Européens établis dans les contrées américaines, aujourd'hui étendue aux sujets de toutes races, issus de parents nés eux-mêmes dans les anciennes colonies intertropicales)[1].

Dans ces pays, encore pleins des traditions de la vieille France, plusieurs races ont vécu ou continuent à vivre, distinctes ou mélangées :

Des *blancs*, venus d'Europe : ils appartiennent à peu près exclusivement à la race française[2] et descendent des premiers colons ou des émigrés, qui, à diverses époques, ont *passé dans les îles* ;

Des *noirs*, provenant des esclaves que la traite arrachait en masse aux royaumes africains,

---

[1] M. Edgar La Selve fait dériver le mot créole, criollo, du verbe espagnol *criar*, élever, ou du substantif *criado*, élève, domestique, « parce que les créoles étaient en effet élevés par les Européens qui les avaient eus des femmes indigènes ». L'origine étymologique peut être vraie, mais l'explication est trop exclusivement limitée aux produits métis.

[2] Aux petites Antilles, il y a eu, dans les premiers temps, comme une sorte de brassage d'éléments ethniques très divers, espagnols et français, anglais et hollandais, etc. Après les grandes luttes du xviie et du xviiie siècles et celles du commencement du xixe, ces éléments se sont condensés chacun dans des colonies propres. On rencontre au milieu des populations blanches et métisses, d'assez nombreuses traces de sémites ; plus d'un nom créole traduit une origine judaïque. Quelques Juifs ont joué, d'ailleurs, un rôle considérable, dans notre histoire coloniale. Au xviie siècle, un d'Acosta faillit devenir acquéreur de toutes les habitations importantes de la Martinique et fut expulsé par la compagnie, jalouse de sa fortune. Au xviiie, un Isaac est compromis dans l'immense tripotage financier, qui aboutit à la faillite du jésuite Lavalette, etc.

pour les déverser sur les terres de *grandes cultures* (canne à sucre, café, plantes à épices, etc.) et des engagés qui plus tard remplacèrent les esclaves ;

Des *mulâtres,* produits des croisements irréguliers des blancs et des noirs, qui, de bonne heure, formèrent une classe intermédiaire, libre, sans aucun des droits sociaux attachés à l'état de liberté ;

Des *coolies madériens, chinois* et *indous :* ces derniers seuls, en raison de leur nombre, mériteront une mention particulière.

Quant aux *indigènes américains*, ils ne comptent plus, ni à la Guyane, où ils sont refoulés loin des côtes, ni aux Antilles, où ils sont réduits à des noyaux insignifiants. Ces indigènes appartiennent au rameau sud-américain des Toupis-Guaranis. Ils formaient autrefois deux branches ou nations, animées l'une contre l'autre d'une incompréhensible haine, malgré la communauté probable de leur origine, les *Araouaks* ou *Arrouagues* (mangeurs de farine), mélangés, dans les Grandes-Antilles, à des tribus venues de l'Amérique centrale et de l'Amérique du Nord, aujourd'hui confinés en quelques petits territoires des Guyanes anglaise et hollandaise; et les *Galibis* ou *Caraïbes* (*Caribis, canibis,* guerriers, d'où les Européens ont tiré le nom de *cannibales,* après avoir reconnu les habitudes anthropophagiques de ces peuplades), les anciens maîtres des petites Antilles, maintenant presque éteints dans cet archipel[1], mais comprenant encore des groupements épars et misérables dans la vallée de l'Orénoque et sur les bords de l'Oyapok.

*
* *

Le créole blanc. — On sait comment l'Amérique a été conquise aux civilisations de l'Europe ! Ses races ont disparu ou ont fui devant l'invasion brutale d'aventuriers sans foi, ni loi, puis devant les invasions successives, réglées par l'intérêt des grandes compagnies ou des Etats maritimes, d'une population qui se recrutait parmi les vagabonds des villes, les déclassés à bout de ressources, les cadets sans fortune et les filles d'hôpital. Lorsque, plus tard, les émigrés eurent acquis un meilleur vernis social, quand les premiers occupants se furent organisés pour

---

[1] A la Dominique, il existe un hameau de 150 Caraïbes, qui, s'ils n'ont guère conservé leur pureté anthropologique, ont gardé certaines traditions de leurs ancêtres et même leur langage. A la Guadeloupe, il n'est pas impossible qu'une fraction de la population du *Morne-rouge*, qui vit exclusivement de la pêche, descende des Indiens rouges (*morne* ne saurait être ici qu'une corruption de *moune* ou monde, gens, dans une localité sans collines, et l'épithète de rouge s'appliquait aux Américains, surtout aux Caraïbes, teints avec le rocou) ; et quelques familles, tout à fait créolisées, fières cependant de leur origine, occupent à l'Anse-Bertrand une bande littorale, concédée à leurs ancêtres par l'administration. J'ai eu entre les mains une touchante supplique de ces pauvres débris d'une vaillante race, indignement spoliés par un riche propriétaire (1883). J'y relève cette déclaration bien documentaire :
« ... Monsieur le directeur (de l'Intérieur), depuis le xviiie siè-

l'exploitation des terres volées aux indigènes, on n'admit plus au partage que des *Engagés* de race française, obligés à un véritable travail d'esclave, avant d'être élevés jusqu'au rang de citoyens. Voilà, sauf quelques exceptions, la souche ancestrale des blancs créoles : elle fut grossière, mais aussi vigoureuse, et ses rejetons, pour avoir une origine très modeste, n'en sont pas moins devenus de beaux et bons éléments de population coloniale [1].

cle, lorsque les Caraïbes disparurent, lorsqu'étant venus fonder des colonies aux îles du Vent, les Français, les Anglais et les Hollandais, il y avait pourtant un parti des Caraïbes qui s'étaient mis d'accord avec le gouvernement français, qui ont suivis et obéis aux lois de cette puissance, qui ont toujours conservé leurs indépendances, bien qu'ils étaient illétrés et siégeant à l'Anse-Bertrand, hameau ou habitation qui porte leurs noms, Caraïbes ; dont nous sommes bien descendants, et bons Français de toute nature. Nous travaillons pécuniairement pour élever nos enfants sur ces mêmes terres qui nous appartiennent, il nous semble, il y a bien des années, et que personne ne nous ayant cherché aucune chicane. Nous sommes à plusieurs, bien différentes familles, mais nous possédons toujours le titre de Caraïbes, nous travaillons en paix et tranquillité... Nous avons le droit sur 200 hectares de terres... » Les signataires portent tous des noms créoles : « Segcor Gontrant et famille, Veuve Méraul Deschamps, Segcor Chrisostome et fille, Alexis Sainte-Aimé, Dunoye Auguste, Madame Joseph, François Adrien, Dame Dunoyer née Segcor, Dunoyer Elodie, Dunoyer Saint-Jean, P. Monlouis Deschamps, Y. Joseph Deschamps, Segcor Justine, Desnoyer Claris, Emmanuel Deschamps dite Clairville. »

[1] Les Espagnols, après les entraînements de la conquête, apportèrent un soin méticuleux dans le recrutement des personnes destinées à former leurs établissements. Pour être autorisé à se rendre au Mexique ou à Cuba, il fallait faire preuve de moralité et de catholicisme, avoir de solides recommandations à la cour. Notre gouvernement aurait-il reconnu quelque avantage sérieux à ce système d'exclusivisme? Au mois de novembre 1888, dans une commune de basse Bretagne, un jeune homme d'excellente famille, intelligent et en possession de quelques capitaux, sollicita un passage gratuit pour le Tonkin. Le ministre auquel il s'adressa, ayant pris des informations

A la *Guyane*, les premiers colons sont des Normands. Deux convois partis de Rouen sont enlevés par les privations et les maladies, au milieu des Indiens, dont ils ont dédaigné le concours et l'alliance. En 1635, une compagnie marchande essaie de s'installer, avec privilège de Richelieu, et, en 1643, sous l'impulsion d'une nouvelle compagnie, la colonie reçoit 300 engagés. Elle eût pu dès lors prendre un heureux développement, sans la sottise et la cruauté de Poncet de Brétigny, qui éloigne les Indiens, en les forçant à choisir entre l'esclavage ou la mort, et même les blancs, exaspérés par ses rigueurs et réduits à accompagner les Indiens dans les bois. D'autres convois sont nécessaires. Mais, quelles que soient les compagnies qui se succèdent, l'incurie, plus que le climat, les décime à leur arrivée (à Kourou, en 1764, plusieurs milliers d'engagés se fondent au bout de quelques mois, manquant d'abris, de vêtements et même de vivres !) Viennent les mauvais jours de la Convention et du Directoire : les vengeances politiques jettent à Sinnamary plus de 300 proscrits, dont la moitié meurent bientôt de misère. Puis le calme se fait. Mais déjà la situation est si compromise qu'elle ne laisse guère entrevoir de remède. Cependant des Européens ont réussi

sur son compte, non pas auprès du maire (un conservateur !) — mais auprès d'un simple citoyen, fervent opportuniste, écarta la demande : le signataire était un honnête homme, mais un tiède républicain.

à prendre racine sur le sol de la Guyane et des familles créoles à s'y constituer. Ces éléments trop rares sont comme noyés dans une population de couleur elle-même insuffisante. La transportation n'a guère augmenté le nombre des travailleurs utiles. Une colonie, qui aurait pu devenir un des plus beaux fleurons de notre empire d'outre-mer, végète tristement, sous la tutelle d'une administration apathique.

Aux *Antilles*, des aventuriers normands, bretons, saintongeois, se groupent sous la conduite de chefs élus. A l'époque des premiers établissements réguliers, patronés par le cardinal de Richelieu, ils se répartissent en quatre catégories d'habitants :

Les *boucaniers*, qui se livraient à la chasse (ils tirent leur nom du procédé qu'ils employaient pour conserver la viande des bœufs sauvages, le boucan : l'animal abattu était découpé sur place, sa chair fumée et desséchée);

Les *flibustiers*, qui couraient les mers sur de frêles embarcations, enlevant à l'abordage jusqu'aux navires de haut bord, mais se livraient trop souvent aux actes de la plus révoltante piraterie, sous le prétexte d'une guerre d'extermination contre les Espagnols (leur nom prouve l'origine tout anglaise de ces bandes d'écumeurs, il dérive de *free-booters*, francs-butineurs);

Les *Colons*, qui s'adonnaient à l'exploitation du sol;

Les *Engagés*, attachés par un contrat volontaire aux boucaniers et aux colons.

Tout ce monde ne valait pas bien cher au début. Les flibustiers étaient gens de sac et de corde, entremêlant la componction et les œuvres pies aux blasphèmes et aux brigandages. Les boucaniers, qui les regardaient « comme des scélérats », avec moins de vices crapuleux, n'avaient pas beaucoup plus de scrupules. Les colons étaient durs, aussi impitoyables envers leurs engagés qu'envers des esclaves d'autre race. La qualité maîtresse de ces premiers habitants, c'était une bravoure à toute épreuve. Au milieu de guerres continuelles, souvent abandonnés à eux-mêmes, ils ne fléchirent jamais. Bientôt, en dépit des fatigues, malgré les calamités qui entraînaient pour eux les plus rigoureuses privations, ils acquirent une vigueur et une résistance peu communes. Il leur fallait des femmes, on leur en expédia de France, et, bien que recrutées dans les plus basses couches, ces misérables exilées commencèrent à modifier les mœurs de la façon la plus heureuse ; elles adoucirent ce que les habitudes avaient de trop brutal, tout en prenant un peu « des vertus militaires de leurs maris ». Rapidement les sociétés se policèrent[1].

---

[1] Voir les *Histoires* ou *Relations* de Dutertre, Labat, Rochefort, etc., résumées dans la col. des voyages (Didot, 1759, t. LXIX), et les Études historiques de J. Cornilliac.

« Il y a deux sortes de familles dans les Isles, écrivait le Père Dutertre, les premières sont composées de personnes mariées ; les autres de certains garçons qui vivent en société, qu'ils appellent matelotage aux termes du pays ; ils ont dans la case égale authorité sur les serviteurs ; tout y est en commun et ils vivent en fort bonne intelligence. Lorsque l'un d'eux se marie, ils se séparent et l'on partage les serviteurs... ; l'habitation est aprétiée et celuy à qui elle échoit est obligé d'en payer la moitié à l'autre... Toutes les meilleures familles qui sont aujourd'huy dans les Isles ont commencé comme cela : car M. d'Esnambuc et après luy M. l'Olive n'y ayant mené que des engagez, quand ces pauvres gens avoient achevé leurs trois ans, ils se mettoient deux ou trois ensemble, abattoient des bois et faisoient une habitation sur laquelle ils bastissoient une case, et faisoient des marchandises. Quand l'un estoit marié, il assistoit son matelot à faire une habitation et taschoit de luy acheter quelque engagé, afin de l'aider à gagner quelque chose pour acheter une femme... [1].

« Au commencement que les Isles furent habitées, chacun faisoit sa place ; ceux qui venoient libres avec des hommes alloient trouver le gouverneur qui leur donnoit gratuitement une place

---

[1] Car les femmes se payaient et elles choisissaient pour mari le plus offrant.

de bois de deux-cens pas de large sur mille pas de hauteur à défricher : il en donnoit autant à ceux qui sortoient du service, mais l'on a depuis réduit la hauteur des étages à cinq-cens pas[1] ».

Mais déjà les esclaves noirs ont été introduits. Les engagés blancs vivent à côté d'eux, soumis à des obligations tout aussi dures. « Les familles des gens mariés sont ordinairement composées de trois sortes de personnes : des maistres, des serviteurs françois et des esclaves. C'est une loy inviolable et fondamentale dans les Isles, que ceux qui y passent aux dépens d'un autre, soit hommes, soit femmes, soit garçons, soit filles, sont obligez de servir trois ans, à commencer du jour qu'ils mettent pied à terre dans l'isle, ceux qui ont payé leur passage. Il n'est pas besoin d'en passer de contrat, et on n'est pas moins engagé sans écriture qu'avec tous les contrats des notaires de France. Celuy qui en passe un autre n'a pas seulement le droit de s'en servir trois ans ; mais le peut vendre à qui bon luy semble et celuy-ci à un autre, si bien qu'on a veu de jeunes gens françois, et souvent de bien meilleure maison que ceux qui s'en servoient, changer sept ou huit fois de maistre en trois ans. L'unique moyen de se redimer de cette servitude, c'est de trouver des amis qui en

---

[1] Les petites Antilles sont constituées par des séries de collines (mornes), étagées du littoral au centre culminant du système.

achètent un autre pour servir en sa place, et, en ce cas, les gouverneurs contraignent les maistres d'agréer cet échange... Les femmes et les filles sont sujettes à la même loy; mais comme elles sont beaucoup plus rares, aussi elles ne sont pas soumises à toutes ces rigueurs; car les femmes des officiers les achètent, et s'en servent à faire leur ménage... Elles ont un privilège que les maistres et maistresses ne les peuvent pas retenir, quand quelqu'un les recherche en mariage; car, en rendant le prix qu'ils en ont payé, elles sont mises en liberté et ils les épousent. Les familles d'aujourdhuy sont bien différentes de celles du commencement où la rareté des femmes obligeoit les habitans d'épouser les premières venues; ce qui fait que quantité de pauvres filles ont trouvé de fort bons partis, car on ne travailloit que pour avoir une femme et la première chose qu'on demandoit aux capitaines quand ils arrivoient de France estoit des filles. A peine estoient-elles descendues à terre, qu'on couroit tout ensemble au marché et à l'amour; on n'y examinoit bien souvent ny leur naissance, ny leur vertu, ny leur beauté, et deux jours après qu'elles estoient arrivées, on les épousoit sans les connoître; car il n'y avoit presque pas une de ces précieuses qui ne se vantât d'estre bien alliée en France; quoy qu'il en fût, le mary les habilloit le plus superbement qu'il pouvoit et s'estimoit encore bien heureux d'en avoir à ce prix. Mais ce qui estoit au commencement si recherché est aujourdhuy un sujet de rebut : les filles qui estoient la meilleure marchandise qu'on pust mener aux Isles, sont aujourd'huy de contrebande, si ce n'est qu'elles y ayent quelques parens, qu'elles passent à leurs dépens et qu'elles ne soient avantagées de quelque beauté ; car, pour lors, elles peuvent espérer de trouver un bon parti. La cause de ce changement vient de ce qu'à présent il y a quantité de filles nées aux Isles, que les habitans aiment mieux prendre de bonne heure de la maison du père et de la mère pour s'allier dans l'Isle que d'épouser des personnes qu'ils n'ont jamais veuës, ni connuës...[1] ».

La race s'est constituée, en même temps que la vie est devenue plus sédentaire. Les aventuturiers, plus rares, ont abandonné la chasse et la course pour l'exploitation des bois précieux (campêche, acajou, etc.). Les colons se sont multipliés : les productions d'un sol fertile leur ont assuré le bien-être avec la fortune. Des habitations, où l'on cultive les épices, le café, la canne à sucre, etc., se sont élevées partout et un commerce actif se concentre en des villes, sur le littoral. Des relations fréquentes s'établissent entre la France et ses colonies des Antilles où la population s'accroît et s'améliore d'une ma-

---

[1] Du Tertre. *Hist. gén. des Antilles habitées par les Français.* Paris, 1667.

nière continue. Un demi-siècle a suffi pour ce résultat, malgré les guerres, malgré les épidémies, malgré les fautes et les entraves de l'administration des compagnies. Or, qu'on ne l'oublie pas, cette prospérité a été l'œuvre du blanc, déclaré inapte à s'acclimater sous les tropiques, incapable de triompher des atteintes endémiques, de remuer la terre aux meurtrières effluves. Mais le blanc créole a lui-même créé un préjugé qui a plongé plus tard dans le marasme des colonies fermées à de nouvelles immigrations d'Europe. De travailleur, il s'est fait maître. Il a trouvé trop pénible, pour lui et pour les siens, des labeurs qui donnèrent la force à ses ancêtres. Il n'a plus voulu que diriger des troupeaux d'esclaves qu'on lui amenait à grands frais des côtes africaines. Il a repris l'orgueil de caste (on n'est plus au temps où les boucaniers dissimulaient sous des sobriquets ridicules les noms d'illustres familles) et il a étendu cet esprit à tous ceux de sa couleur. Plus d'engagés, car il ne faut pas montrer un blanc en communauté d'occupations laborieuses à côté du nègre avili, et d'ailleurs, grâce au partage de gloires et de misères communes, existe-t-il une raison de distinguer, aux îles, entre nobles et roturiers ! Tous les blancs sont des hommes d'essence supérieure de par leur origine, de par le droit de conquête et de domination; ils n'accordent *aux autres* que la même pitié dédaigneuse ou les ménagements dictés par l'intérêt du maître envers l'animal utile. Sous l'intelligente et énergique impulsion de Colbert, nos colonies prennent leur plein essor; mais aussi la distinction des *couleurs* achève de s'accentuer; l'esclavage est régularisé par le *Code Noir*[1]. L'aristocratie créole est à son apogée; elle compte dans ses rangs un grand nombre de familles titrées et beaucoup d'anoblis par la faveur royale, en raison des services rendus aux îles[2]. Tout noble est doublé d'un riche planteur et tout planteur roturier peut aspirer à la noblesse, car la fortune donne l'influence et mène à tous les hauts emplois de la milice et de l'administration. Cette aristocratie s'entretient et se fortifie par ses mélanges avec le sang européen. Mais elle prépare sa décadence par le trop facile abandon de son berceau : la conduite des habitations est laissée à des gérants, souvent à des affranchis, qui n'ont plus qu'un intérêt secondaire à leur prospérité; le maître va jouir en France des richesses que lui ont procurées les sueurs de ses esclaves; les colonies

---

[1] Il est bien l'œuvre de Colbert; mais il n'a été promulgué qu'après la mort de ce ministre, en 1685.

[2] Ce système d'anoblissement était largement pratiqué dans les colonies anglaises, et même, à la Barbade, il y eut plus de chevaliers, créés par les rois de la Grande-Bretagne, « que dans tout le reste de leurs possessions d'Amérique ». Mais, aux colonies comme en France, plus d'une particule fut aussi accaparée sans droit. Voir : *Lettres patentes du Roi, en forme d'édit, concernant les anoblissemens dans les colonies françoises et les preuves de noblesse à faire dans le Royaume par les habitants desdites colonies*, 24 août 1782.

s'appauvrissent de tout l'argent qu'attire la métropole et la race perd sa puissante cohésion[1]. La Révolution lui portera un très rude coup par l'affranchissement des noirs[2] et l'admission des hommes de couleur à l'égalité politique[3] ; elle va d'ailleurs entraîner l'écroulement de notre empire colonial, par l'abandon de la Louisiane et de Saint-Domingue et réduire nos possessions antilliennes aux îles de la Guadeloupe, des Saintes, de Marie-Galante, de la Martinique, sans parler de deux ou trois îlots sans importance. Là cependant le créole blanc n'a pas dépouillé toute vigueur. Il lutte avec ténacité contre le flot des éléments métis qui l'assaillent. Mais peu à peu, ruiné par son entêtement à poursuivre un système exclusif d'anciennes cultures qui ne sont plus suffisamment rémunératrices, avec la main-d'œuvre libre et la concurrence étrangère, il cède ses dernières habitations à la puissante compagnie du Crédit foncier ; les terres morcelées tombent aux mains des hommes de couleur, que le régime politique et les préférences gouvernementales transforment d'autre part en dirigeants. Les Antilles perdent une élite qui

---

[1] Baudry des Lozières a bien compris le danger de ces retours, moins dictés par l'amour de la mère-patrie que par une avidité de nouveaux plaisirs, le désir « de briller comme des météores » dans la capitale du luxe, etc. Sec. voy. à la Louisiane, I, 261.

[2] Affranchissement momentané, sous la Convention et le Directoire, définitif à partir de 1848.

[3] Complète à partir de 1848.

aurait dû affermir à tout jamais leur prospérité.

A la *Réunion (Bourbon)*, l'histoire du créole blanc est, à peu de chose près, ce qu'elle a été en Amérique. Il y a pourtant quelques différences. L'île a bien été occupée tout d'abord par des aventuriers, auxquels on envoya de Paris des lots de filles, recrutées dans les hôpitaux ou sur la rue ; mais elle était déserte et les Européens n'y ont trouvé personne à voler et à massacrer. Les progrès de la colonisation ont été lents ; ils se sont accomplis, comme par ricochet, à l'ombre de la Compagnie de Madagascar : en 1670, au rapport de de la Haie, il n'existait encore que quatre habitations, avec une cinquantaine de Français, et, au xviiie siècle, la population était demeurée si réduite, malgré l'extrême salubrité du climat, que, pour l'accroître, on alla jusqu'à donner des lettres de naturalisation et d'amnistie à des forbans de diverses nationalités. En 1730, la Compagnie des Indes est incertaine, si elle doit garder l'île ou l'abandonner. On a cependant fourni aux habitants des vivres, des instruments de culture, des noirs en très grand nombre [1]. Tout va périclitant jusqu'à l'arrivée de La Bourdonnais. Alors tout change de face et la colonie s'élève rapidement au plus haut degré de prospérité. Les mêmes contre-coups

---

[1] *Hist. gén. des voy.*, XXXII, 433 et XXXI, 399 ; Guët, *Les Origines de l'île Bourbon*, Rev. mar. et col., 1886.

que la Révolution a entraînés dans les Antilles, ont été ressentis à la Réunion. Mais, dans cette dernière colonie, où le préjugé de couleur semble avoir été toujours atténué, le créole blanc a conservé une prépondérance d'influence, depuis longtemps perdue par lui en Amérique. Je parle du créole qui, par son instruction et ses relations incessantes avec la métropole, a consenti à accepter les conditions d'une vie nouvelle ; car la descendance des anciens colons compte parmi ses plus purs représentants un certain nombre d'arriérés, qui persistent dans l'ignorance et la routine d'autrefois, demeurent stationnaires au milieu de l'évolution des mœurs et, vivant misérables, presque en sauvages, dans les régions les plus retirées de l'intérieur, ne font plus figure dans la société coloniale (*Petits-Blancs*).

*
* *

Le nègre. — A la Guyane et aux Antilles, ce sont les Africains de la côte occidentale, à la Réunion, ceux de la côte orientale et les Malgaches de Madagascar, introduits par la traite, puis par engagement, qui ont formé les éléments de la population aujourd'hui dominante. C'est par millions que les nègres ont été arrachés à leurs pays et transportés dans les colonies européennes intertropicales. La nation qui a toujours proclamé le plus hautement les grands devoirs philanthropiques est aussi celle qui a donné le premier exemple de ce honteux commerce et y a déployé l'âpreté la plus ardente : les Anglais ont été les principaux courtiers en chair humaine ; de la fin du xviie siècle au commencement du xviiie, ils ont approvisionné d'esclaves tous les marchés antilliens, ils en ont jeté 910,000, de 1680 à 1786, dans leur seule possession de la Jamaïque[1] !

Les abominations de la traite semblaient choses naturelles aux blancs qui en tiraient profit. Il faut en lire le récit, froidement rapporté, dans les ouvrages spéciaux (Guides pour la conduite des habitations de cultures), si l'on veut comprendre la survivance des haines de la couleur, aux colonies, haines avivées par l'instruction des masses autrefois déshéritées, et rendues plus actives par l'élévation subite de ces masses à tous les pouvoirs publics. On parle du recrutement et de l'entretien d'un troupeau de nègres, comme de la formation et de la conservation selon les moyens les plus avantageux, d'un troupeau d'animaux quelconques.

Ecoutons Ducœurjoly, « ancien habitant de Saint-Domingue »[2].

---

[1] Bryan Edwards, *Hist. des Indes occid.*, II, 64.

[2] Le « citoyen » Ducœurjoly, « ancien habitant de Saint-Domingue », ruiné par les événements survenus dans cette île, a laissé un livre des plus curieux à consulter sur la vie coloniale : *Manuel des habitans de Saint-Domingue*. Paris, an X.
J'emprunterai d'autant plus volontiers à cet ouvrage, qu'il est devenu fort rare, même dans les bibliothèques de nos colonies.

Voici comment il apprend aux novices « les moyens les plus généralement employés pour se procurer les nègres nécessaires à la culture ».

Le premier moyen et « le plus productif » est l'*enlèvement*. « Ces enlèvements sont faits, ou par les marchands noirs, qui vendent par échange aux Européens leurs compatriotes, qu'ils surprennent, ou par les Européens eux-mêmes. » La manière de procéder est simple. « Quelques-uns se cachent dans les forêts, ou près des routes, attendant le voyageur sans défiance, comme le le chasseur attend la proie timide ; d'autres se mettent en embuscade dans les champs de riz, et enlèvent tous les enfants qu'on y place pour chasser les oiseaux ; il y en a aussi qui se tiennent près de sources d'eau, et saisissent les malheureux que la soif force de venir s'y désaltérer, ou près des baies afin d'y surprendre ceux qui y pêchent pour leur nourriture. Mais le poste le plus avantageux est dans les prés, lorsque l'herbe est haute, ou à côté du sentier qui communique d'un village à l'autre... » Des canots remontent les fleuves jusqu'à 200 lieues de la côte, afin de procéder à ces razzias ou pour ramasser les esclaves déjà capturés et tenus en réserve par les affidés. — « Le second moyen pour se procurer des esclaves, c'est d'allumer la guerre entre les souverains de la Guinée. Ces princes, ainsi que ceux d'Europe, souvent ambitieux et jaloux, brûlent d'accroître leur territoire, leurs revenus et leur pouvoir. Cette ambition suscite des guerres meurtrières, et les vaincus qui échappent à la mort sont condamnés à l'esclavage. Les princes qui entreprennent ces escarmouches, car on ne peut leur donner d'autre nom, ne sont pour l'ordinaire que des chefs de tribus. Tant qu'on ne leur commande pas d'esclaves, ils sont en paix. Arrive-t-il des vaisseaux ? Ils marchent aussitôt à la conquête de quelques cantons, brûlent des villes, saccagent les campagnes, et emmènent captifs tous les habitants, à moins que, victimes eux-mêmes de leur cupidité, ils ne deviennent la proie du traitant qui devait les enrichir... » — Le troisième moyen vaut les précédents : il consiste « à exciter plusieurs souverains contre leurs propres sujets » ; on propose à ces princes d'échanger une cargaison d'Europe contre des esclaves : « Ils envoient aussitôt des troupes contre quelques villages, les brûlent et chargent de chaînes leurs habitants... » — Le quatrième moyen est plus ingénieux : c'était de faire substituer aux anciennes pénalités pour les crimes ou les délits, parmi les nations noires, la peine unique d'être réduit en esclavage et vendu. Le procédé « ne suffisant pas pour satisfaire la cupidité des souverains de la Guinée, ils ont multiplié les crimes pour multiplier les coupables ; ce n'est point encore assez, ils ont fixé des gradations subtiles dans les délits, afin d'en établir dans les punitions ; ils ont statué que les forfaits graves coûteraient la liberté non seulement aux coupables, mais à tous les mâles de sa famille, mais à sa famille entière, mais à ses amis, et aussi loin qu'il leur plairait d'étendre la rigueur despotique ». — On vend aussi les débiteurs insolvables et, sur la côte, plusieurs marchands ont des réserves d'enfants, qu'ils élèvent pour en trafiquer, « dès qu'ils sont parvenus à l'âge du travail ».

Ces malheureux, que les traitants acquièrent, « de la première main », pour un morceau d'étoffe, un sabre, un pistolet, ou quelques bouteilles d'eau-de-vie, vaudront, au port de destination, jusqu'à 1,500 ou 2,500 livres. Mais avant d'arriver, que de misères ils auront eu à supporter, quelles épouvantables hécatombes ils auront fournies à l'insatiable avidité des blancs! Il y a la marche des convois de leurs points de formation vers la côte, la lourde entrave au cou et aux pieds, sous le soleil, la pluie, les coups des conducteurs ivres et abrutis ; puis le parquage sans abri, parfois sans nourriture, au milieu des marais, en attendant l'embarquement. A bord, redoublements de souffrances. On entassait les esclaves dans des faux-ponts sans air ni lumière, où ils ne pouvaient se tenir debout ni même bouger ; on s'inquiétait peu des provisions : on a vu des convois périr faute d'eau ; la ration était exiguë et de mauvaise qualité, presque toujours composée de salaisons avariées (à ceux qui refusaient de manger, on approchait de la bouche une pelle rougie au feu, en menaçant de les en brûler ou de leur faire avaler des charbons ardents). La mer devenait-elle mauvaise, les moindres ouvertures étaient fermées ; le faux-pont n'était plus qu'un foyer de miasmes horribles, où se joignaient, aux odeurs dégagées des corps entassés, celles des vomissements provoqués par le roulis, des déjections des malades incapables de remuer, etc., et quand le calme revenait, les captifs étaient torturés au souvenir de la patrie et de la famille à tout jamais perdues pour eux, par l'appréhension du sort qui les attendait (les nègres croyaient généralement qu'on les achetait pour les manger). « On a beau leur dire (touchant intérêt !) qu'on les mène dans un charmant pays et leur débiter d'agréables mensonges, ils n'y ajoutent aucune foi, ils se chagrinent et se laissent souvent mourir de désespoir. » (Quelle mauvaise grâce !)

Le convoi arrive au port, bien réduit, mais encore riche de profits pour l'armateur ou le capitaine. La vente est annoncée. « L'esclave des deux sexes est alors exposé nu aux regards des personnes qui veulent en acheter, afin qu'elles puissent juger si les sujets sont bien conformés et n'ont point de maux cachés... » Le nègre âgé de dix-huit à vingt ans se payait ordinairement 2,400 livres (la valeur diminuait à mesure que l'âge était plus avancé), le négrillon de douze à seize ans, 16 à 1,800 livres, l'enfant de huit à douze ans, 1,200 livres ; les négresses coûtaient presque aussi cher que les hommes : celles qui avaient des enfants âgés de cinq à six ans ne pouvaient être vendues séparément (non point par charité, l'on ignorait ce sentiment-là dans le monde des exploiteurs qui traitaient le noir en vile bête de somme, mais pour assurer la conservation d'un *produit*, plus tard susceptible de bonne vente).

Puis venait la répartition sur les habitations, l'apprentissage du travail forcé sous le fouet toujours levé du commandeur, les souffrances physiques et morales de toutes sortes, chez les mauvais maîtres, cruels ou insouciants de la pitié, dédaigneux d'un code qui leur paraissait empreint de trop de douceur envers l'esclave (!) et d'ailleurs assez puissants, au milieu des leurs, pour être assurés de l'impunité, même après un crime ; — chez les bons, l'oubli par l'abrutissement.

Et l'on osait soutenir que le nègre, aux colonies, était plus heureux esclave que libre, que son sort était préférable à celui d'un grand nombre de nos paysans ou de nos ouvriers, déclaration doublement infâme et à la honte des gouvernements, car elle visait à consacrer la théorie du bonheur des masses par la soumission docile à une caste de privilégiés et elle avouait que le prolétariat métropolitain était pire que l'esclavage colonial.

Des cris d'indignation venaient-ils à retentir avec trop d'éclat, arrachés à des âmes d'élite, par la vue des souffrances du noir? Les créoles avouaient qu'il se commettait bien *quelques excès*, mais ce n'était jamais parmi leur monde, et chaque colonie revendiquait pour elle-même une mansuétude qu'elle refusait à ses sœurs.

Partout cependant les faits démentaient les prétentions affichées, et bien rares étaient les blancs qui auraient eu le droit d'écrire ces éloquentes paroles de Parny à son ami Bertin (Ile de Bourbon, janvier 1775) :

« Non, je ne saurais me plaire dans un pays où mes regards ne peuvent tomber que sur le spectacle de la servitude, où le bruit des fouets et des chaînes étourdit mon oreille et retentit dans mon cœur. Je ne vois que des tyrans et des esclaves, et je ne vois pas mon semblable. On troque tous les jours un homme contre un cheval : il est impossible que je m'accoutume à une bizarrerie aussi révoltante. Il faut avouer que les nègres sont moins maltraités ici que dans nos autres colonies ; ils sont vêtus ; leur nourriture est saine et assez abondante ; mais ils ont la pioche à la main depuis quatre heures du matin jusqu'au coucher du soleil ; mais leur maître, en revenant d'examiner leur ouvrage, répète tous les soirs : *Ces gens-là ne travaillent point*. Mais ils sont esclaves, mon ami ; cette idée doit bien empoisonner le maïs qu'ils dévorent et qu'ils détrempent de leur sueur... » Et comme démonstration de leur heureux sort, ils s'échappent en bandes, s'abandonnent dans une pirogue dérobée à la merci des flots, où presque toujours ils disparaissent, — ou s'enfoncent dans l'intérieur de l'île, où des gens payés par les communes leur font la chasse, « aussi gaiement qu'à des merles ». On se donne la peine cependant de leur apprendre le catéchisme. « J'en vis un dernièrement qu'on avait arraché de sa patrie depuis sept mois ; il se laissait mourir de faim. Comme il était sur le point d'expirer, et très éloigné de la paroisse, on me pria de lui conférer le baptême. Il me regarda en souriant et me demanda pourquoi je lui jetais de l'eau sur la tête : je lui expliquai de mon mieux la chose ; mais il se retourna d'un autre côté, disant en mauvais français : « *Après la mort, tout est fini, du moins pour nous autres nègres ; je ne veux point d'une autre vie, car peut-être serais-je encore votre esclave.* »

En Amérique, c'était pire.

Les maîtres français ont eu d'ailleurs, parmi les étrangers, même auprès des créoles espagnols et anglais, une mauvaise réputation de dureté et de férocité envers leurs esclaves. Il faut bien reconnaître, qu'au fond de notre caractère, il existe une forte dose de vanité et d'irascibilité, favorables aux écarts les plus criminels. Nos émigrants du xviie siècle n'étaient pas hommes triés sur le volet et les premiers colons léguèrent à leurs successeurs une partie de la brutalité de mœurs, créée chez nous pendant une longue période de guerres religieuses. Le dédain de la vie humaine engendra la non-pitié vis-à-vis des faibles. Plus tard, la fortune ne fit que rendre plus intenses les convoitises, et maints blasonnés et roturiers parvenus eurent à cœur d'acquérir vite et de jouir tôt, sans souci des moyens. Le sang du nègre dut produire beaucoup d'or.

« Il y avait dans les Mornes, à quelque distance de Port-au-Prince, une habitation possédée par une bonne dame, qui, n'ayant pas besoin d'augmenter rapidement son bien, défendait qu'on tourmentât ses esclaves. Elle mourut et l'habitation fut vendue. L'acquéreur trouva bientôt que les nègres étaient trop paresseux pour satisfaire promptement la soif de richesses qui le dévorait. Il voulut les forcer au travail, et ne fit que les rendre indociles. L'habitation fut de nouveau mise en vente, et la valeur, comme on peut le croire, baissa. Un second acquéreur se présente... (suit les errements de son prédécesseur et échoue comme lui. Un troisième acquéreur, M. de ..., obtient la propriété pour une somme très minime, que ses amis regardaient comme perdue)... Mais il avait fait son calcul. Il s'établit sur les lieux; il envoie les nègres au travail et les accompagne lui-même bien armé. Leur goût pour la paresse et leur esprit de mutinerie se manifestent bientôt. M. de ... tranche la tête lui-même à celui qui paraît être le principal instigateur du désordre. Cet exemple de férocité ne suffit point; un seconde tête tombe. Ce n'est point assez encore. Il fait creuser une fosse profonde et enterrer jusqu'au cou deux ou trois nègres. En cet état, on leur donne de la nourriture pour prolonger leur supplice et pour attendre qu'ils soient dévorés tout vivants par les vers. Depuis l'habitation prospéra et M. de ... était, quand la Révolution vint, un des riches propriétaires de la contrée. » (E.-M. Masse[1].)

Est-il singulier après cela, de lire l'explosion de joie bruyante qui se manifesta parmi des gens aussi *heureux*, à l'annonce des grands changements accomplis depuis les événements de 1789, l'élan qui les poussa vers la liberté jusqu'à les faire triompher, à Saint-Domingue, d'une armée de vieux soldats, quand, au mépris des principes, on le voulut comprimer[2] !

---

[1] *L'Isle de Cuba et la Havane*. Paris, 1825, p. 321. Voir auss mon livre : *Le Crime en pays créoles* (ch. I).

[2] On n'a pas à s'étonner des récriminations des blancs, ni des torrents d'invectives qu'ils déversèrent sur les défenseurs de la liberté des nègres. Mais il est triste d'avoir à rappeler que les hommes de couleur ne parurent pas comprendre une émancipation dans le sens large et généreux. Les révoltés de Saint-Domingue furent tout d'abord des associations très restreintes d'individualités. Les premiers chefs de l'insurrection « n'avaient pas la pensée de demander la liberté des esclaves et ne la réclamaient que pour eux-mêmes...; les mulâtres tenaient beaucoup à conserver leurs propres esclaves... ; ils envoyaient à la mort ceux des noirs qui les avaient soutenus... » Sp. John, Haïti, p. 46.)

La Révolution ne fut qu'un leurre pour les pauvres noirs. Ils entendirent parler autour d'eux de liberté, d'égalité et de fraternité. Ils se battirent bravement contre les Anglais, quand nombre de blancs, à l'imitation des émigrés, s'enrôlaient parmi les ennemis de la République. Et ils se voyaient contraints au travail dans les ateliers nationaux, rendus par force à la culture du sol, obligés à la résidence sur leurs anciennes paroisses sous la promesse de salaires illusoires, mais aussi sous la menace plus réelle de durs châtiments. Bientôt même le système impérial fit renaître les pires époques de l'esclavage, et des hommes, qui avaient déchaîné avec le plus de violence les appétits des noirs, éveillé avec le plus d'audace leur haine fanatique contre les riches planteurs, — devenus les plats favoris de l'autorité nouvelle, — acceptèrent la mission d'étouffer dans le sang de leur naïfs auxiliaires d'autrefois, les doctrines prêchées par eux, au profit de leur cynique ambition. Ecœurant exemple de duplicité politique, de négation de la moralité sociale, offert à des masses toutes d'instinct et de sentiment, par des hommes de race intellectuelle et dirigeante [1]. Des révoltes éclatèrent.

---

[1] Le farouche émissaire de la Convention, Victor Hugues, héros sinistre, dont l'énergie patriotique fait oublier les vols et les assassinats, mais dont la fin relève la bassesse, après avoir été le grand promoteur du *Sans-Culottisme* à la Guadeloupe, devint gouverneur impérial à la Guyane. Dans la même île, le lieutenant de vaisseau Lacrosse avait excité les noirs à

Elles furent arrêtées par des supplices et l'acharnement des blancs se tourna, impitoyable, contre ceux des leurs qui ne craignirent pas de se mêler aux nègres.

La Révolution de 1848 et les efforts d'un petit groupe d'hommes généreux abolissent enfin l'esclavage dans toutes nos possessions. Mais pendant trop longtemps encore, on continua à introduire aux Antilles et à la Guyane, surtout à la Réunion, à Nosi-Bé, à Sainte-Marie-de-Madagascar et à Mayotte, sous le nom d'*Engagés africains*, des convois de véritables esclaves. En 1861, à la Martinique, j'ai assisté au débarquement d'un convoi de ces pauvres diables, ironiquement appelés des travailleurs libres. Ils étaient parqués sur la savane de Fort-de-France, au nombre d'environ 500, hommes, femmes, enfants, nus, leur numéro d'ordre au cou, sur une plaquette de fer-blanc, tremblants sous l'incertitude du sort qui leur était réservé. Ils attendaient la répartition, la vente ! Cette traite hypocrite a enrichi des gens de haut négoce, qui sont devenus, eux et leurs fils, des personnages très honorés (l'argent n'a point gardé l'odeur de la chair noire et c'est tout ce qu'exigent les plus

---

la rébellion et aux excès, pendant son premier séjour ; revenu un peu plus tard avec le titre de capitaine-général gouverneur, il provoqua, par ses inqualifiables rigueurs, une révolte qu'il ne sut pas enrayer, eut la honte de se laisser prendre et chasser par ceux-là mêmes qu'il avait si odieusement persécutés : il devint baron de l'Empire, mais il restera l'une des plus vilaines figures qu'un historien puisse avoir à retracer.

difficiles). Même aujourd'hui, elle n'est pas complètement supprimée. En 1878, à Nosi-Bé, j'ai pu constater sur les habitations l'existence de nombreux Maquois, recrutés sur la côte orientale d'Afrique, et certainement incapables d'avoir compris et signé aucun contrat d'engagement ; j'eus à sévir, un jour, contre un planteur, qui ne ménageait pas les rigueurs inhumaines à ces malheureux, ... à la grande indignation de toute une population, — une poignée de blancs et de mulâtres, que j'appris à connaître pendant une magistrature de deux mois, — et de cyniques doléances trouvèrent un soutien auprès de politiciens et d'administrateurs parés de l'étiquette républicaine [1].

---

[1] Certains députés fêtent avec fracas, en des banquets inondés d'éloquence... et d'excellents vins, à Paris, l'anniversaire de l'abolition de l'esclavage aux colonies. Savent-ils ceci? et, s'ils le savent, pourquoi se taisent-ils devant les Chambres et le pays ?

À la côte occidentale d'Afrique, les traitants achètent toujours des nègres, non plus des troupeaux, mais des individus, principalement des femmes, dont ils font leurs concubines, et des enfants, qu'ils transforment en domestiques dociles et peu coûteux. Le prix moyen de ces têtes est un collier d'ambre artificiel (marchandise venant d'Allemagne et d'une valeur commerciale de 150 à 200 francs). Ces noirs, à leur arrivée dans les chefs-lieux, deviennent libres, après une déclaration et un jugement, qui régularisent les affaires de l'acheteur, mais ils sont laissés à la disposition de celui-ci (le tuteur, le maître d'adoption, par euphémisme administratif), jusqu'à l'âge de vingt ans et sous la condition qu'on leur apprendra un métier. De métier, on ne leur apprend que celui pour lequel on les a achetés (adoptés!) et comme ils sont incapables de trouver à vivre en dehors de la domesticité, ils y restent, ne coûtant à leurs possesseurs qu'une maigre nourriture et un léger vêtement.

Il y a mieux. Sur le territoire d'un poste français, *j'ai vu* un convoi de 200 Diobas, fugitifs, recueillis un à un sur l'insolente réclamation d'un principicule foulah, rassemblés dans la cour

Les Nègres créoles sont maintenant les égaux politiques du blanc. Mais ils dominent celui-ci par le nombre, ce qui revient à dire que, grâce au suffrage universel, ils arriveront bientôt à l'annihiler. Pour ceux qui observent de loin, c'est parfait. Pour ceux qui observent de près, non grisés par les vapeurs des théories doctrinaires et les séduisants résultats de leurs appli-

---

que dominait le drapeau tricolore et livrés *par ordre supérieur* à leurs maîtres.

Le colonel Frey, dans un livre récent, a donné à entendre quel hideux commerce couvraient nos expéditions vers le Haut-Niger. (Lire à cet égard un article de M. de Kératry, *Révélations*, dans le *Figaro* du 10 octobre 1888.)

A la côte orientale d'Afrique, les boutres arabes emmènent toujours des cargaisons de bétail humain.

L'Angleterre et l'Allemagne ont armé des navires pour la répression de la traite. Mais le sort des nègres est le moindre de leurs soucis, et l'alliance des deux empires cache leurs visées cupides. — Les capitaines anglais, lorsqu'ils capturent un bâtiment chargé d'esclaves, touchent une forte prime, qui stimule leur zèle, et les noirs, au lieu d'être rendus à leur patrie, doivent payer leur délivrance par un service obligatoire de cinq années dans une colonie anglaise. Je sais un capitaine qui ne se récria pas, quand on lui proposa à demi mot (contre une alléchante rétribution) d'amener... ses prises à Nosi-Bé plutôt qu'à Maurice. — Quant aux Allemands, leurs livres et leurs journaux trahissent leurs véritables appétits. En 1887, la compagnie de l'Afrique orientale décernait un prix à un mémoire, sur l'*Art de dresser les nègres au travail des habitations*, mémoire où l'on développait la pure doctrine esclavagiste : « Il faut habituer le Noir à se considérer à perpétuité comme le subordonné du colon allemand ; tenir les enfants indigènes éloignés de la maison paternelle et de leurs parents... Les enfants devront, de toutes façons, être considérés comme *une propriété* de l'établissement auquel ils sont attachés... »

Un seul homme, un Français, a élevé une voix indignée et désintéressée, Mgr Lavigerie. On l'a récompensé, dans sa patrie, par les attaques les plus viles et les plus calomnieuses.

Mes opinions ne sont point cléricales ; mais je tiens avant tout à demeurer dans la voie du juste et du vrai. Il est triste d'avoir trop souvent à les signaler plutôt du côté de ses adversaires !

cations, c'est moins heureux. Il ne me paraît pas démontré, au point de vue simplement démographique, que le noir d'aujourd'hui ait acquis la résistance physique prolongée dans ses milieux d'immigration forcée [1], ni, au point de vue social, qu'il ait jamais fait preuve, en quelque lieu que ce soit, de capacités intellectuelles et d'aptitudes collectives supérieures. Il devait être affranchi. Mais il eût été désirable, que sa race gardât le contrepoids d'un élément ethnique mieux doué qu'elle sous le rapport des facultés directrices, bien adapté au climat, malgré que l'on prétende le contraire, et d'ailleurs facile à entretenir dans sa vigueur par de fréquentes instrusions de sang d'Europe, au prix de l'abandon de notre niais système de tracasserie et d'apathie administratives. L'exclusivisme autrefois existant au profit du blanc existe maintenant tout au profit du nègre. Les deux oppositions ne valent pas mieux l'une que l'autre. On s'en apercevra tôt ou tard..., mais peut-être trop tard.

* * *

Le mulâtre. — Le blanc n'estimait le nègre guère plus qu'un animal susceptible d'un dressage utile. Mais la débauche lui faisait oublier la diffé-

---

[1] J'ai écrit là-dessus ma pensée dans un mém. sur l'*Acclimatement de la race noire d'Afrique* (Rev. d'anthrop., 1882).

rence du sang et il ne dédaignait pas de partager ses faveurs entre la négresse et la femme de sa race. « On sera sans doute étonné d'un goût aussi dépravé de la part des blancs, écrit Ducœurjoly ; il est cependant général, soit qu'ils y soient entraînés par l'occasion et la facilité, par l'oisiveté, par l'influence du climat, par l'habitude, par l'exemple, par l'indolence et la fierté des blanches, ou par le peu de soin qu'elles prennent de leur plaire ; et peut-être, dans l'origine de nos colonies (par la disette d'autres femmes ou) par un motif de curiosité... » Ce dernier mobile seul peut expliquer l'abandon de quelques femmes blanches à des nègres esclaves, chose rare, mais qui l'eût été beaucoup moins, d'après le P. Labat, « s'il y paraissait chaque fois que cela arrive [1] ». De ces unions sont sortis les mulâtres. Le clergé catholique, qui assimilait naguère le rapprochement du chrétien et de la sarrasine au crime de bestialité, n'alla pas aussi loin dans nos colonies : il eut quelque pitié pour des faiblesses difficiles à empêcher, et protesta même contre les excès de sévérités répressives, inspirées par une politique de caste défiante et malavisée. Toutefois sa voix resta timide. « Le nombre des mulâtres serait bien plus grand dans nos isles, remarque le P. Labat, sans les peines

---

[1] *Nouv. voy. aux isles de l'Amérique*, 1724, éd. en 6 vol., II, 129.

qu'encourent ceux qui les font : car les négresses sont d'elles-mêmes très lascives, et les hommes blancs ne l'étant guères moins et trouvant beaucoup de facilité à contenter leurs passions avec ces créatures, on ne verrait autre chose que des mulâtres, d'où il s'ensuivrait de très grands désordres, si le Roi n'y avait remédié, en condamnant à une amende de 2,000 livres de sucre ceux qui sont convaincus d'en être pères ; mais si c'est un maître qui ait débauché son esclave, et qui en ait eu un enfant, outre l'amende, la négresse et l'enfant sont confisquez au profit de l'hôpital [1], sans pouvoir jamais être rachetez sous quelque prétexte que ce soit. On ne peut assez louer le zèle du Roi dans la disposition de cette ordonnance ; mais on permettra aux missionnaires de dire qu'en cherchant à remédier au scandale que ce crime causait, on a ouvert la porte à un crime bien plus énorme, qui consiste dans des avortements fréquents que les négresses se procurent quand elles se sentent grosses, et cela fort souvent du consentement ou par le conseil de ceux qui en ont abusé [2]. »

---

[1] Et des religieux de la charité. Les bons frères apportaient, dans la recherche de la paternité, une ardeur qui leur attirait quelquefois de fâcheux désagréments. N'arriva-t-il pas un jour, qu'à l'un d'eux, devant le juge, une effrontée négresse présenta son enfant de contrebande, en le gratifiant d'un : *Toi papa li*, dont elle ne voulut point démordre. L'assistance « se pâmait à force de rire ». Labat, *l. c.*, 123.

[2] *Ib.*

En général, ces unions, formées par la débauche, n'étaient que passagères, ou bien elles constituaient un simple concubinage. Mais quelquefois elles furent cimentées par des liens légitimes. Si la négresse ne méritait pas toujours d'être admise au foyer régulier, elle savait en certains cas s'en rendre digne par le dévouement. Chose assez surprenante, il ne semble pas que ces mariages aient été aussi mal vus qu'on eût pu le croire à priori, d'après les préjugés de caste : sans doute parce qu'ils étaient la conséquence d'obligations exceptionnelles. Ils étaient d'ailleurs fort rares [1].

Les mulâtres, nés de femmes esclaves, furent d'abord affranchis de plein droit à l'âge de vingt-quatre ans « pourvu que, jusqu'à ce temps-là, ils eussent demeuré dans la maison du maître de leur mère ». Mais par ordonnance royale, ils durent plus tard conserver le sort de leur mère, suivant le vieil adage, romain, *partus sequitur ventrem*. Cela n'empêcha pas la formation d'une race métisse, qui se développa de plus en plus belle et vigoureuse, à mesure que les croisements se multiplièrent entre ses éléments plus clairs et les blancs de pur sang, à mesure aussi que des mariages devinrent plus fréquents entre ses propres éléments. Cette race grandit par ses

[1] Labat n'a connu que deux mariages de ce genre aux îles du Vent ; il rapporte l'un sans un mot de critique, l'autre avec indignation, mais en raison de la triste réputation de l'épousée. *Ib.*, 128.

sujets libres, les uns nés en cet état, les autres affranchis. Issue de l'amour, elle s'entretient et conquiert ses premiers privilèges par l'amour ; car la mulâtresse, armée des séductions du corps et de l'intelligence, a mieux su que la négresse capter les faveurs du maître riche pour ses enfants. Ceux-ci n'arrivent à aucune fonction d'importance ; mais ils reçoivent une instruction souvent égale à celle des blancs ; ils méditeront, dans l'ombre et le silence, sur le hasard de leur origine ; placés entre deux races extrêmes, comparant leurs qualités et leurs besoins, qu'ils fusionnent, ils s'initieront d'eux-mêmes aux grandes aspirations ; ils se rendront dignes peu à peu de réaliser celles-ci. Lorsque la Révolution éclate, ils ne sont rien, mais ils méritent d'être quelque chose. La chute de la monarchie, en entraînant celle des privilèges, leur ouvre la porte des emplois publics : ils y font preuve des plus brillantes qualités. Une inepte réaction menace de les replacer sous un joug despotique : les uns courbent le front, avec l'espoir d'une prochaine délivrance ; les autres refusent d'abandonner aucune parcelle de la liberté et de l'égalité conquises et meurent les armes à la main (Delgrès, à la Guadeloupe). Enfin sonne le réveil de 1848 : les gens de couleur restent définitivement les égaux politiques des blancs.

Le mulâtre, sous le rapport plastique et cérébral, est un être admirablement doué. Mais il porte en lui le germe destructeur. Il s'éteindra s'il ne rencontre un homme d'autorité puissante, sorti de ses rangs, qui lui fasse toucher du doigt le danger de son isolement, moins dicté aujourd'hui par le préjugé de la couleur, que par la haine jalouse et irréfléchie du métis contre le blanc, créole ou européen. Malgré son apparence, il ne me semble point en état de se suffire à lui-même pour la conservation indéfinie de sa race. S'il se retrempe dans le noir, il rétrograde vers le sang africain. Il doit donc chercher à se mêler aux blancs. Avec plus de tact, il serait arrivé, sinon à faire taire d'emblée les répugnances des blancs créoles, du moins à s'allier sans trop de peine avec les blancs d'Europe et, par ceux-ci, il eût réussi peu à peu à pénétrer dans les meilleures familles locales. L'union ainsi comprise eût amené la fusion de l'élite des métis dans la race supérieure, et entretenu, parmi les milieux de croisements à tous degrés des mulâtres avec les noirs, une certaine pondération, qui aurait diminué les chances d'un envahissement graduel des masses par l'élément africain ou même prévenu cet envahissement. Le blanc n'eût que gagné dans cette voie et nos colonies ne seraient pas aujourd'hui des foyers de divisions, menacés d'un effondrement. Mais par les tendances contraires, le noir seul restera le maître. Le blanc, sans nouvelles attaches avec son berceau, disparaîtra bien vite. Le mulâtre, qui s'en réjouit à l'avance et ne sait rien diminuer de son étroite rancune, lui arrachera pièce à pièce ses terres, déjà morcelées par le Crédit foncier, son influence, déjà plus qu'ébranlée par des députés tous ou presque tous issus de la couleur; il dominera par le nègre momentanément, sans penser, sans vouloir croire qu'il périra par lui [1].

Seuls ou aidés des mulâtres, les noirs n'édifieront jamais une société progressive et solide.

J'émets sans réticence une opinion qui me semble vraie. Je me soucie fort peu qu'elle plaise ou déplaise, qu'elle ait ou non quelque écho. Au moins suis-je satisfait de me trouver, sur ce brûlant terrain, en communauté d'observations et d'idées avec Spencer Saint-John, qui a étudié de si près la société haïtienne et for-

---

[1] « Le vrai mulâtre, le mulâtre type, est le produit d'une négresse et d'un blanc... La reproduction du mulâtre par lui-même est impossible à suivre, car le produit de ce croisement-là s'est recroisé tantôt avec le blanc, tantôt avec le noir, ou bien avec l'un et l'autre successivement. et il est résulté de ces mélanges des nuances, qui, des deux côtés, n'ont pu être notées par des noms, que jusqu'à la quatrième génération. Passé la quatrième génération, suivant que l'élément blanc ou l'élément noir a été de plus en plus dominant, le mulâtre redevient blanc ou noir. J'ai cru remarquer que deux mulâtres types qui se reproduisent entre eux (la mère de la femme et de l'homme ayant été des négresses, ce qui a lieu le plus ordinairement) la nuance de leur enfant est plus noire que la leur et semble tendre naturellement vers un retour au nègre. C'est ce qui expliquerait la suprématie des noirs à Haïti, où, après quarante ans, ils ont fini par prédominer. Le mulâtre ne peut exister que par le croisement incessant du blanc et du nègre. Passé la quatrième génération, il rentre dans l'une ou l'autre de ces souches. Cette remarque avait été déjà faite par de Paw. » (Rufz, *Soc. d'anthrop. de Paris*, 1868.)

mule ainsi ses appréciations : « Je regrette de dire que plus j'ai acquis d'expérience, moins j'ai cru à la capacité du nègre pour occuper une position indépendante. Tant qu'il se trouve en contact avec les blancs, comme dans le sud des États-Unis, il s'en tire bien; mais dès qu'il n'est plus sous cette influence, comme à Haïti, il tend à reprendre les coutumes des tribus d'Afrique, et s'il ne survenait aucune pression extérieure, il rétrograderait bien vite à l'état des habitants du Congo…. Je crois qu'il est incapable de créer une civilisation, et que, même s'il recevait une meilleure éducation, il conserverait encore une certaine infériorité; comme homme, il ne sait pas se gouverner lui-même, et comme nation il n'a pu faire aucun progrès. Pour bien le juger, il faut avoir vécu très longtemps avec lui et ne pas se laisser influencer par la théorie de l'égalité d'aptitude de toutes les races à progresser dans la civilisation. Il est hors de doute que les mulâtres sont supérieurs comme intelligence et sont bien plus capables de gouverner, quoiqu'ils ne l'aient guère prouvé jusqu'à présent. Il est pitoyable de voir, quand on lit leur histoire, avec quelle facilité la moindre question d'intérêt ou d'ambition les détourne du droit chemin, et combien il est rare que leurs actes soient dictés par le patriotisme…[1] »

[1] *Haïti ou la République noire*, trad. de West, 1886, p. 128.

Les colonies anglaises d'Amérique ont prospéré, parce que, de bonne heure, les mulâtres et blancs y ont subi la fusion et qu'elles ont ainsi acquis une population d'élite homogène et vivace, apte à conserver la direction de la masse noire, au profit de tous.

* *

Je terminerai ces considérations générales sur les éléments fondamentaux de la population de nos vieilles colonies, par une remarque curieuse.

Les origines multiples des familles et des individus sont comme résumées dans les *noms propres*.

Parmi les blancs, on rencontre des noms bien français, normands, saintongeois, etc.. beaucoup agrémentés de la particule nobiliaire... de bon ou de mauvais aloi.

Parmi les mulâtres, mêmes noms que parmi les blancs, ou immixtion de noms prétentieux, souvent aussi précédés d'une particule sans doute un peu suspecte en plus d'un cas.

Puis, quand on arrive aux noirs, on découvre les plus bizarres séries de noms et de prénoms, les uns sentant l'origine africaine, les autres l'imitation de la période révolutionnaire, qui vit tant d'imbéciles s'affubler... non des vertus, mais des noms des célébrités les plus retentissantes de la Rome antique ; d'autres enfin accusent un entraînement admiratif vers certains hommes, ou peut-être une velléité naïve et vaniteuse de s'affilier par le nom à des familles du pays ou de la métropole.

Fréquemment, la mère donne, sans le moindre scrupule, le nom d'un père... réel ou supposé à l'enfant naturel, qui le garde et le transmet.

Autrefois, jamais le blanc n'eût toléré qu'un noir portât un nom usité dans la caste[1] et même on allait ordinairement chercher pour l'esclave baptisé, dans les recoins ignorés du calendrier orthodoxe, les noms sanctifiés les plus extraordinaires ; on imposait indifféremment au nouveau-né des noms masculins ou féminins, sans se préoccuper du sexe, comme pour ajouter au ridicule de certaines appellations ; on donnait pour nom un numéro d'ordre, une locution usuelle, etc.

Quand plus tard on dut se relâcher des sévérités de la coutume, en faveur des noirs affranchis, on leur laissa prendre des noms plus conformes au milieu dans lequel ils étaient destinés à vivre, mais empruntés encore aux couches les plus basses de la population française ou trahissant les sobriquets de la caserne.

Il se rencontre enfin dans le monde de couleur,

---

[1] Une ordonnance de 1773 défend aux noirs libérés de donner à leurs enfants d'autres noms, que ceux tirés de l'idiome africain.

beaucoup de noms dérivés de l'anglais et du hollandais. D'autres sont d'origine franchement judaïque.

Au milieu de ce chaos d'appellations de toutes sortes, l'Européen éprouve un sentiment perplexe... et quelque peu hilariant. Il a beau se prémunir contre les surprises, c'est toujours avec un étonnement difficile à cacher, qu'il entend résonner à ses oreilles ou qu'il lit dans les feuilles locales les noms de maints personnages aujourd'hui notables, conseillers municipaux, conseillers généraux, mieux que cela même !

Quelques noms pris au hasard donneront une idée de la chose [1] :

Amilcar Pierre,	Pruneau,
Produle Jean,	Citronnelle,
Chelismar Agapit,	Cazanavette,
Lolo Jean-François,	Crève-cœur,
Zacaïr Volzir,	Abenzoar,
Moïsa Louis,	Ottimar Ulysse,
Coridon Vilbrod,	Coclès,
Toto Symphor,	Brutus,
Isaac Balthazar,	Congo,
Iphigénie Denis,	Coco,
Sapho Jean,	Zozo,
Roboam Tertullien,	Cépolin,
Salomé,	Yphis,

---

[1] Comme ces noms sont empruntés à des annuaires ou à des comptes rendus publiés dans les colonies, j'estime que leur citation ne saurait blesser aucune susceptibilité. Quelques-uns d'ailleurs, s'ils sont bizarres, sont portés par des hommes fort dignes de les relever.

Pénélope Pierre,	Hugo,
Polynice Gabriel,	Napoléon,
Sainte-Hélène Philippe,	Voltaire,
Vainqueur Jacques,	Turenne,
Taillepierre Valsaint,	Sennachérib, etc. etc.

Il n'est pas jusqu'à des exclamations banales, qu'on n'ait transformées en noms propres : à la quatrième page d'un journal, à la suite d'une annonce, j'ai lu le nom d'une demoiselle Magré-moi (malgré moi)!

A certains de ces noms, il reste à ajouter de beaux titres. Nos colonies n'ont pas encore de marquis de la Banane, de ducs de l'Orangeade, etc. Mais cela pourra venir.

* *

Le coolie indou. — L'Indou actuel est la résultante anthropologique de croisements très anciens, sur le sol de l'Inde, entre des races diverses, autochtones ou immigrées, et entre ces races et l'aryen conquérant. Celui-ci ne s'est conservé pur ou presque pur, qu'au sein d'un petit nombre de familles de caste sacerdotale. A l'époque des grandes invasions musulmanes, l'arabe a pénétré dans ce monde, déjà si mélangé, et il y a introduit un nouvel élément de modification ethnique et sociologique. Fidèle aux traditions brahmaniques et à leurs dérivées. ou convert[1] à l'islamisme, l'Indou garde le même isolement vis-à-vis de ses derniers maîtres, les Européens (Portugais et Hollandais, Anglais et Français). A Pondichéry et dans les établissements qui en dépendent, la *Ville noire* s'élève distincte et séparée de la *Ville blanche*. Il y a cependant quelques croisements et leurs produits sont désignés sous le nom de *Topas* ou *gens à chapeau* [1].

L'Indou nous occupera comme élément immigré dans nos colonies dites sucrières.

Lorsque l'esclavage a été aboli, lorsque la pseudo-traite des Africains, déguisée sous le nom d'engagement, a elle-même pris fin, il a fallu se mettre en quête de travailleurs pour ces colonies. On a songé aux Chinois, qui se sont montrés médiocres cultivateurs et serviteurs très indociles. On a bientôt trouvé dans l'Indou, contraint par la misère à chercher des moyens d'existence hors de son pays, l'être souple et malléable, facile à conduire et à dompter, au cours de l'exploitation inique, — qui convenait à des chefs d'habitation encore imbus des traditions exclavagistes. Le coolie indou, s'il n'est pas tout à fait un esclave, est bien un serf de la glèbe, sous le titre d'*engagé*,

---

[1] « Leur appellation ne vient pas, comme on le croit, de ce qu'ils ont le droit de se vêtir à l'européenne et de porter le chapeau ou *topi*... : (d'après M. Ferrier), le mot *topa* dériverait du persan *top*, qui signifie canon ; en effet, les descendants des Portugais, qui étaient de classe mixte, furent faits canonniers sous le gouvernement français, d'où *Top-ha*. » (Huillet, *Hyg. des blancs, des mixtes et des Indous à Pondichéry*. Pondichéry, 1867, p. 12.)

et le maître, l'*engagiste*, peu soucieux trop ordinairement d'exécuter les clauses d'un contrat réciproque, à l'abri dans sa mauvaise foi, grâce à la connivence tacite des autorités locales [1], pourrait encore se croire aux beaux temps d'autrefois, s'il n'avait à redouter, de temps à autre,

---

[1] De loin en loin, l'administration prend des airs protecteurs et relève, par des circulaires presque aussitôt oubliées, les plus petits côtés d'une situation que tout le monde sait intolérable pour l'Indou. « MM. les inspecteurs de l'immigration ont signalé à l'attention de l'administration de nombreux abus qu'ils ont eu à constater sur presque toutes les habitations qu'ils ont visitées... Sur un grand nombre de propriétés, il a été constaté que les balances, poids et mesures réglementaires pour la distribution des vivres aux engagés étaient dans un état de vétusté et d'usure qui en altérait l'exactitude ; sur d'autres, ces instruments n'existent même pas. Ces faits constituent non seulement des délits punissables aux termes du Code pénal, mais ils entraînent fatalement des erreurs matérielles préjudiciables aux engagés... Aux termes des contrats d'engagement, les salaires doivent être payés intégralement aux engagés à l'expiration des vingt-six jours de travail. Cette clause n'est pas observée sur un grand nombre d'habitations, où l'on continue, contrairement à la règle, à retenir la moitié du salaire, pour être payée à la fin de l'année (?). L'article 34 de l'arrêté de 1861 prescrit aux engagisteses de remettre, chaque semestre, aux engagés un règlement de leur compte, qui devra comprendre le montant des journées fournies pour la libération et des sommes payées. Cette prescription, qui est la sauvegarde des intérêts en jeu, n'a jamais été exécutée par les engagistes. Il est temps cependant que chacun se renferme dans ses obligations. Aux termes de l'article 30 du même arrêté, les engagés ont droit à des vêtements, qui se composent, savoir : pour les hommes, de deux chemises, de deux pantalons en tissu de coton, et un chapeau de paille par an ; pour les femmes, de deux chemises, deux robes et quatre mouchoirs en tissu de coton par an. L'article 31 du même arrêté prescrit une infirmerie dont les conditions d'installations sont définis. Partout, il paraîtrait, ces dispositions sont incomplètement exécutées... » (Circ. du 17 août 1880, de M. Rougon, directeur de l'Intérieur à la Martinique).

Il faut bien que les nombreux fonctionnaires, qui vivent grassement de l'immigration, justifient leur raison d'être : tous créoles d'ailleurs, ils ont soin de ménager leurs amis, et les circulaires ne produisent qu'un long feu.

l'intervention désagréable de quelque magistat courageux [1].

L'Indou, quand il s'engage, sait à peu près ce qu'il fait ; mais seulement à peu près. Il est recruté dans les castes les plus diverses. Il est doué d'intelligence et souvent de quelque instruction ; il a perdu du rigorisme de ses habitudes par de fréquents contacts avec les Européens, dans son propre pays, et le gouvernement britannique lui offre quelque sauvegarde contre les surprises, lorsqu'il s'agit d'un enrôlement pour une colonie française. Mais le malheureux est trompé de mille façons : chez lui, par les agents recruteurs de sa race, qui lui volent ses primes, avant même qu'il ait rallié le port d'embarquement ; à bord, où, après lui avoir promis le respect de certains préjugés de caste, on en rit, jusqu'à pousser quelques fanatiques au suicide [2] ; sur les habitations, où, loin de retrouver le mode de culture qui ne l'obligeait au labeur que pendant trois ou quatre heures, dans les rizières de l'Inde, il se voit tout à coup astreint à une rude occupation de plus de dix heures sur les champs de canne

---

[1] Mal en résulte pour ces magistrats. On essaie de les écraser sous le ridicule ou par la diffamation et tôt ou tard on leur fait payer chèrement leur clairvoyance et leur droiture.

[2] Cela arrive principalement sur les navires anglais, où, dans l'espérance de mieux attacher le coolie à sa terre d'immigration, on embarque des prêtres (brahmes). Ceux-ci reçoivent l'assurance d'être nourris à part ; mais au large, on les soumet à la ration commune et les misérables dupes, préférant la mort à la souillure, se précipitent à la mer.

ou à l'usine. Puis viennent les privations, les froissements de l'arbitraire, la fatigue et le chagrin, qui souvent ouvrent la porte aux maladies. Les uns vont mourir à l'hôpital, les autres se livrent au vagabondage ou commettent des crimes, pour se débarrasser d'une existence devenue trop à charge. Les plus fermes résistent, à l'idée qu'ils reverront leur pays, car, au bout de cinq années, ils ont droit à leur rapatriement. Mais c'est alors que l'odieux se manifeste le plus hautement ! Si la colonie est à bout de ressources, ou si elle dédaigne d'employer ses revenus à l'affrétement d'un navire, elle n'écoute pas les réclamations des engagés : elle les garde, et ce que la nostalgie et la misère emportent diminue d'autant la masse plaignante, la masse pour laquelle il faudra peut-être, sur un ordre de la métropole, débourser quelques milliers de francs. Lorsque je quittai la Guadeloupe, en 1887, il y avait dans l'île près de 2,000 coolies, qui attendaient encore leur rapatriement depuis plus de dix ans !

Comment pourrait-on compter sur un appoint utile, avec des immigrants traités de cette façon ? Et cependant quel parti, des colonies privées du travail des noirs, — qui ne veulent pas entendre parler de la grande culture, au souvenir trop vivace des ancêtres, esclaves, usés par elle, — auraient pu retirer du travail mieux compris des Indous, patients, faciles à satisfaire, avec quelques ménagements et de la justice ! Cette race, qui n'est pas sans qualités, qui possède à un assez haut degré l'esprit de prévoyance [1], était d'adaptation certaine à des climats similaires du sien; elle eût fourni de nouveaux éléments fixes à une population, qui a besoin de se retremper par des infusions de sang étranger, afin de s'entretenir en vigueur et en croissance. Au lieu de cela, malgré l'énorme chiffre des convois qu'elle a jetés sur le sol de la Réunion, des Antilles et de la Guyane, elle n'abandonne à ces colonies que des cadavres : ce qu'elle a de meilleur est rendu à son berceau [2].

[1] Je tiens de M. Courcoux, trésorier-payeur à la Pointe-à-Pitre, qu'au départ de chaque convoi de rapatriement, il était versé dans ses caisses une centaine de mille francs, pour traites sur les principaux centres de l'Inde ; les familles emportent avec elles d'importantes épargnes en or.

[2] Il est, selon moi, parfaitement vrai, que l'immigration indienne « consomme presque autant de créatures humaines qu'en consommait autrefois l'esclavage », ainsi que l'a soutenu Schœlcher (*L'Immigration aux colonies*, Paris, 1883).
A la Martinique, on a dressé la statistique suivante, qui se passe de tout commentaire. La proportion des décès annuels, pour 10,000 sujets de chaque catégorie, est de 426 chez les immigrants indous, de 327 chez les indigènes de nos établissements de l'Inde, de 285 chez les créoles (*Mon. des col.* du 18 mars 1885).
A la Guadeloupe, de 1854 à 1883, il a été introduit 39,805 coolies indous, qui ont donné 4,748 naissances : sur ce total de 44,553 têtes, il y a eu 20,844 décès et 2,148 rapatriements; il restait au 31 déc. 1883, dans la colonie, 21,561 immigrants (*Mon. des col.* du 13 avril 1885).
L'Angleterre vient d'interdire le recrutement, dans l'Inde, des engagés pour les colonies françaises d'Amérique.

CHAPITRE II

LE CARACTÈRE ET L'ESPRIT

Bernardin de Saint-Pierre, dans ses *Etudes de la Nature*[1], nous peint, avec les brillantes couleurs de sa palette, « un petit coin » de cette île Bourbon, où se déroulèrent les touchantes amoursde Paul et de Virginie. « A l'intérieur, des forêts ; vers la mer, une large lisière d'un beau vert gris (aujourd'hui de vastes champs de cannes d'un vert émeraude ou doré, sous le soleil qui les mûrit), s'harmonisant d'un côté avec les teintes des bois et de l'autre avec l'azur des flots. « La vue se trouve ainsi partagée en deux aspects, l'un terrestre et l'autre maritime. Celui de la terre présente des collines qui fuient les unes derrière les autres, en amphithéâtre, et dont les contours, couverts d'arbres en pyramides, se profilent avec majesté sur la voûte des cieux. Au-dessus de ces forêts, s'élève comme une seconde

---

[1] Cinquième étude.

forêt de palmistes, qui balancent au-dessus des vallées solitaires leurs longues colonnes couronnées d'un panache de palmes et surmontées d'une lance. Les montagnes de l'intérieur présentent au loin des plateaux de rochers garnis de grands arbres et de lianes pendantes, qui flottent comme des draperies, au gré des vents. Elles sont surmontées de hauts pitons, autour desquels se rassemblent sans cesse des nuées pluvieuses ; et lorsque les rayons du soleil les éclairent, on voit les couleurs de l'arc-en-ciel se peindre sur leurs escarpements, et les eaux des pluies couler sur leurs flancs bruns, en nappes brillantes de cristal ou en longs flots d'argent. Aucun obstacle n'empêche de parcourir les bords qui tapissent leurs flancs et leurs bases ; car les ruisseaux qui descendent des montagnes présentent, le long de leurs rives, des lisières de sable, ou de larges plateaux de roches qu'ils ont dépouillés de leurs terres. De plus, ils frayent un libre passage depuis leurs sources, jusqu'à leurs embouchures, en détruisant les arbres qui croîtraient dans leurs lits, et en fertilisant ceux qui naissent sur leurs bords ; et ils ménagent au-dessus d'eux, dans tout leur cours, de grandes voûtes de verdure, qui fuient en perspective, et qu'on aperçoit des bords de la mer. Des lianes s'entrelacent dans les cintres de ces voûtes, assurent leurs arcades contre les vents et les décorent de la manière la plus agréable, en opposant à leurs feuillages d'autres feuillages, et à leur verdure des guirlandes de fleurs brillantes ou de gousses colorées. Si quelque arbre tombe de vétusté, la nature, qui hâte partout la destruction de tous les êtres inutiles, couvre son tronc de capillaires du plus beau vert et d'agarics ondés de jaune, d'aurore et de pourpre, qui se nourrissent de ses débris. Du côté de la mer, le gazon qui termine l'île est parsemé çà et là de bouquets de lataniers dont les palmes, faites en éventail et attachées à des queues souples, rayonnent en l'air comme des soleils de verdure. Ces lataniers s'avancent jusque dans la mer sur les caps de l'île, avec les oiseaux de terre qui les habitent ; tandis que des baies, où nagent une multitude d'oiseaux de marine, et qui sont, pour ainsi dire, pavées de madrépores couleur de fleur de pêcher, de roches noires couvertes de nérites couleur de rose, et de toutes sortes de coquillages, pénètrent dans l'île, et réfléchissent, comme des miroirs, tous les objets de la terre et des cieux. Vous croiriez y voir les oiseaux voler dans l'eau et les poissons nager dans les arbres, et vous diriez des mariages de la terre et de l'océan, qui entrelacent et confondent leurs domaines... » Sur ces objets, dont les harmonies caressent le regard, se répandent les mille parfums des plantes odoriférantes, les murmures et les gazouillements d'êtres innombrables, chantant la joie de vivre à leur manière. Tous les sens esthétiques de l'homme sont captés à la fois ! En même temps, le sol fournit avec abondance aux besoins immédiats, au prix d'un court travail, et assure le superflu, jusqu'à la richesse, au prix de quelque persévérance dans un médiocre effort : ici les racines féculentes, le manioc, l'igname, etc. ; là les fruits savoureux ; ailleurs, dans les vallées ombreuses, prospèrent les caféyers et les cacaoyers ; dans les plaines, ondule la canne à sucre, la reine des cultures coloniales.

Au sein de cette luxuriante nature, des races belles et créées pour l'amour s'agitent indolemment. Elles n'ont point à redouter les rigueurs de nos saisons extrêmes, une vestiture légère leur suffit ; les bois leur donnent les matériaux de leurs habitations ; elles peuvent couler, sans grandes peines, sans grandes préoccupations, les jours les plus heureux !

Et cependant ces paradis sont presque devenus des enfers.

Jadis, ils ont vu l'esclavage ; aujourd'hui ils voient les discordes haineuses entre citoyens libres.

*
* *

Le milieu fait l'homme. Mais l'homme réagit malheureusement sur le milieu et se modifie selon les conditions de la collectivité qu'il a instituée lui-même.

Des pays où la vie se montre si belle et si

facile doivent imprimer au caractère, avec
quelque nonchalance, une certaine douceur, non
dépourvue de vivacité dans l'esprit, l'amour du
sol et le fanatisme de l'indépendance. Ce sont
là en effet de grandes qualités chez les créoles.
Mais l'habitude de commander sans retenue ni
contrôle donna aux blancs, avec un orgueil démesuré, le mépris le plus excessif pour ceux qui
n'avaient point leur couleur, engendra chez
eux une déplorable tendance à l'irascibilité, les
porta trop souvent à l'oubli de toute pitié dans
la répression des plus légers manquements et
les amena à commettre de sang-froid les actes
les plus sauvages et les plus odieux[1]. Les descendants de cette ancienne aristocratie ont hérité de son orgueil impondéré, qui, s'il n'a plus
pour se traduire la violence des impulsivités autrefois dirigées contre l'esclave, s'affiche encore
vis-à-vis des étrangers ou des personnes du pays
par une regrettable susceptibilité. D'un autre
côté, l'habitude d'obéir passivement et la brusque élévation du servilisme le plus bas à la domination la plus complète, ont créé chez un grand
nombre d'hommes de couleur un insupportable
mélange de fausse humilité et de vanité arrogante. Chez tout le monde, l'éducation laisse à
désirer ; elle n'est pas dirigée dans une voie
suffisamment propice à la dissimulation des dé-

---

[1] *Le crime en pays créoles*, ch. I.

fauts. De plus, la différence des races, que le préjugé maintient ; le souvenir toujours vif des anciens rapports entre elles, qui met en perpétuel conflit les dépits de l'omnipotence perdue et les haines rancunières de l'autorité d'autre part acquise, produisent dans le caractère des heurtements fâcheux.

*
* *

Un spirituel créole, Parny, a tracé de ses compatriotes le portrait suivant :

« Le caractère du créole est généralement bon ; c'est dommage qu'il ne soit pas à même de le polir par l'éducation. Il est franc, généreux, brave et téméraire. Il ne sait pas couvrir ses véritables sentiments du masque de la bienséance ; si vous lui déplaisez, vous n'aurez pas de peine à vous en apercevoir ; il ouvre aisément sa bourse à ceux qu'il croit ses amis ; n'étant jamais instruit des détours de la chicane, ni de ce qu'on nomme les *affaires*, il se laisse souvent tromper. Le préjugé du point d'honneur est respecté chez lui plus que partout ailleurs. Il est ombrageux, inquiet et susceptible à l'excès ; il se prévient facilement et ne pardonne guère. Il a une adresse peu commune pour tous les arts mécaniques ou d'agrément ; il ne lui manque que de s'éloigner de sa patrie et d'apprendre. Son génie indolent et léger n'est pas propre aux sciences ni aux études sérieuses ; il n'est pas capable d'application ; et ce qu'il sait ; il le sait superficiellement et par routine.

« On ne se doute pas, dans notre île, de ce que c'est que l'éducation. L'enfance est l'âge qui demande de la part des parents le plus de prudence et le plus de soin : ici l'on abandonne les enfants aux mains des esclaves ; ils prennent insensiblement les goûts et les mœurs de ceux avec qui ils vivent : aussi à la couleur près, très souvent, le maître ressemble parfaitement à l'esclave. A sept ans, quelque soldat ivrogne leur apprend à lire, à écrire, et leur enseigne les quatre premières règles d'arithmétique ; alors l'éducation est complète..

« Le créole est bon ami, amant inquiet, et mari jaloux (ce qu'il y a d'incroyable, c'est que les femmes partagent ce dernier ridicule avec leurs époux, et que la foi conjugale n'en est pas mieux gardée de part et d'autre). Il est vain et entêté ; il méprise ce qu'il ne connaît pas, et il connaît peu de choses ; il est plein de lui-même, et vide de tout le reste. Ici, dès qu'un homme peut avoir six pieds de maïs, deux cafiers et un négrillon, il se croit sorti de la côte de saint Louis ; tel qui galope à cru dans la plaine, une pipe à la bouche, en grand caleçon et les pieds nus, s'imagine que le soleil ne se lève que pour lui. Ce fond d'orgueil et de suffisance vient de l'ignorance et de la mauvaise éducation. D'ailleurs,

4

accoutumé comme on l'est ici depuis l'enfance à parler en maître à des esclaves, on n'apprend guère, ou l'on oublie aisément ce qu'exigent un égal et un supérieur. Il est difficile de ne pas rapporter de l'intérieur de son domestique un ton décisif, et cet esprit impérieux que révolte la plus légère contradiction. C'est aussi ce qui entretient cette paresse naturelle au créole, qui prend sa source dans la chaleur du climat... »
(*Lettre* à Bertin.)

*
* *

Le caractère n'a pas énormément changé !

Il n'y a plus d'esclaves ; mais l'orgueil de caste a persisté, étayé chez quelques-uns sur un reste de fortune ou sur de hautes situations honorifiques, non amoindri chez les plus misérables. L'instruction est certainement plus répandue : il y a partout des écoles, des collèges et même des lycées ; mais il faut bien l'avouer, les dispensateurs de connaissances utiles que la métropole expédie à ses colonies, laissent parfois à désirer, malgré leurs titres, sous le rapport des qualités éducatives, et, sur les bancs où ses préjugés lui feraient trouver trop blessant le contact d'une couleur méprisée, le créole blanc évite de paraître ou dédaigne tout travail émulatif. Les parents riches envoient leurs enfants dans les maisons françaises et les jeunes gens reviennent chez eux pourvus d'emplois ou de grades susceptibles de donner satisfaction à la morgue familiale. Longtemps, le commissariat colonial[1] a été l'heureux débouché ouvert aux plus modestes : l'on y arrivait vite et sans trop de peine, et l'on parvenait, dans les grands services des directions de l'intérieur et des ordonnateurs, à une puissance presque rivale de celle des gouverneurs. Bien à plaindre alors étaient les fonctionnaires métropolitains soumis à de pareilles autorités ! Sous le masque d'une courtoisie, non toujours exempte de roideur, on ne laissait échapper aucune occasion de les traiter... presque en nègres ! C'était l'époque où un médecin en chef de la marine (ayant l'assimilation de capitaine de vaisseau ou de colonel), sous le prétexte que la fonction primait le grade, devait humblement prendre les ordres du plus mince galonné créole, le suivre à bonne distance dans les cérémonies et, quand il s'oubliait à dire à un infirmier, dans un hôpital, de détruire les fruits verts, ramassés par les dysentériques aux arbres de la cour, il était ramené à *ses devoirs* en quelques mots bien sentis[2] :

[1] Le commissariat, dans la marine, répond à l'intendance, dans l'armée ; les cadres coloniaux sont distincts des cadres de nos ports.

[2] La lettre que je rapporte existe aux archives du conseil de santé de la Basse Terre. Son signataire, l'une des gloires littéraires (en créole) du pays, à propos d'une demande de 250 grammes de pain azyme, à laquelle la pharmacie de l'hôpital n'avait pu satisfaire, *s'informe* par lettre, auprès du médecin en chef, « avant d'user des moyens de rigueur qui sont à sa

« Monsieur le Président (du Conseil de santé),

« Il résulte de la déclaration de l'infirmier-major, que c'est en vertu de vos ordres qu'il a fait abattre les fruits qui pendaient aux manguiers de la cour intérieure de l'hôpital.

« Suivant les règles du service, c'est au commissaire de l'hôpital qu'il appartenait dans la circonstance de donner les ordres nécessaires et cependant j'ai eu le regret de voir exécuter sans le concours de ma volonté un acte dans lequel on ne pouvait se passer de mes directions sans faire abstraction de mon existence officielle et de l'autorité que les règlements y ont attachée.

« En vous faisant cette communication, monsieur le Président, mon but est de maintenir l'intégrité des attributions dévolues par les règlements aux fonctions dont je suis revêtu. Il me paraîtrait aussi peu conforme à mon devoir de renoncer à l'exercice de ces attributions que d'empiéter sur celles qui ne me sont point confiées.

« Agréez, monsieur le Président, l'assurance de ma considération la plus distinguée.

« *Le commissaire-adjoint de la marine chargé des*
« *revues et hôpitaux.*

« X... »

Aujourd'hui que les faveurs vont aux gens de couleur, que l'on voit un gouvernement si repentant des anciens méfaits de la race blanche, qu'il

---

disposition, si l'objet figure dans la nomenclature acceptée par l'entrepreneur et s'il est à considérer comme médicament ». Une grosse correspondance s'engage : le docteur Poupeau explique que le pain-azyme n'est pas, il est vrai, un médicament, mais qu'il sert à masquer la saveur désagréable de certains médicaments. La discussion se resserre entre le commissaire et l'entrepreneur, et, après beaucoup de papier noirci, en style majestueusement administratif, on finit par acheter les 250 grammes de pain-azyme dans une pharmacie civile (septembre 1857).

semble prendre à tâche de l'humilier sans trêve ni merci, devant les plus grossiers éléments des populations coloniales, recruter ses directeurs de l'intérieur et ses gouverneurs parmi les plus bas employés des administrations locales, sous la seule condition d'un teint garanti et d'une aptitude naturelle aux grands airs théâtraux, il a fallu en rabattre. Les bonnes places sont devenues plus rares et la gêne a envahi les familles. L'ostentation n'a guère fléchi... Au contraire, la chute se dissimule sous un redoublement de prétentions dépitées.

C'est cet orgueil immense, plus encore qu'une générosité héréditaire, qui entraîne le créole blanc à étaler un faste ruineux, soit qu'il *reçoive* des étrangers sur ses habitations, soit qu'il vienne à Paris, dissiper des économies chèrement acquises. Il pose même en ses qualités. Je ne saurais, par exemple, attribuer à l'association d'élans passionnés et pitoyables ces emportements de certain planteur, qui d'une main se traduisaient en coups de bâton sur l'échine de ses meilleurs domestiques, et de l'autre par une gratification immédiate de *louis d'or!* Simple manière d'apparaître en seigneur du temps jadis, de se rappeler l'heureux temps, avec cette double jouissance de contempler la lâcheté d'un subalterne... et de se moquer des lois et des magistrats. Trop souvent cet apparat et d'autres manifestations d'une vanité plus modeste ne cachent que dettes et privations. Telle famille, dont les jeunes gens ne quittent pas les cercles, dont les filles étalent le dimanche les plus jolies toilettes et se montreraient fort offensées des offres honnêtes d'un homme de couleur en situation très enviable, tire le plus clair de son argent de la confection des confitures et des bonbons qu'elle envoie vendre par les rues sous le nom d'une négresse ou d'une mulâtresse complaisante. Elle vivra tout en cachette avec la farine de manioc, l'igname et la morue sèche et, pour donner le change à l'Européen qu'elle invite *à sa table*, empruntera jusqu'à ses couverts à d'autres plus à l'aise. Ces petites manœuvres sont comprises entre créoles et aucune trahison ne les dévoile ordinairement ; on n'apprend les secrets de ces misères que par surprise ou par l'indiscrétion des petites servantes de couleur.

Mais est-ce bien le mot de misère, qu'il faut employer pour des souffrances qui restent limitées, en somme, au domaine de la vanité ? Existe-il de vrais pauvres, en des pays où les vrais besoins sont aussi réduits et où l'excès même de la vanité pousse à des sollicitations que l'on trouve naturelles, pour obtenir le superflu ?

Ils m'ont tout l'air de deux blancs déchus, ces deux *pauvres* dont Duchassaing a reproduit les lettres [1] :

---

[1] *Mode de formation de la petite propriété aux colonies.*

« Monsieur, je suis dans la dernière misère et viens solliciter de vous un secours. Ma détresse est si grande que, hier et aujourd'hui, j'ai dû prendre mon café sans sucre... » (Remarquons, ajoute Duchassaing, que le café n'est pas pris comme aliment, mais qu'il est bu au point du jour, comme réveil-matin.)

« Monsieur, je suis malade, le Dr X... m'a déclaré qu'il me fallait un bon appartement, des filets de bœuf, du vin vieux, avec de l'eau d'Orezza à mes repas, plus un verre de vin de Bugeaud après le déjeuner et le dîner... Je viens vous demander en conséquence de quoi accomplir cette ordonnance. » (Il est évident, n'hésite pas à reconnaître Duchassaing, que du vin ordinaire et de l'eau ferrée, qui coûtent peu, auraient aussi bien guéri cet homme que le somptueux traitement indiqué : il n'avait point reçu cette prescription du Dr X..., mais comme il avait vu le traitement suivi par une personne riche, il trouvait naturel de se l'appliquer.)

* * *

Le blanc oublie ses origines pour ne se souvenir que de ses actes de force, de ses privilèges de conquérant et de maître. Là-dessus, il édifie son orgueil et il le soutient par une ostentation de commande vis-à-vis des étrangers. Ce n'est point toujours, à proprement parler, de la vanité ;

car, dans sa conduite, il peut dédaigner d'étaler sa supériorité aux yeux des émancipés qu'il regarde comme des inférieurs. L'homme de couleur a tout à la fois de l'orgueil et de la vanité. Il a de lui-même une opinion grossie démesurément, surtout depuis que les faveurs, déversées sur lui à tort et à travers ou de parti pris, ont semblé justifier ses prétentions. Il éprouve en plus le besoin de faire montre de sa personne et de tout ce qui la met en relief.

On connaît, au moins par les récits des voyageurs, à quel degré s'élève l'outrecuidance d'un roitelet nègre, revêtu d'oripeaux bariolés, le bâton-sceptre à la main, au milieu des musiciens et des chanteurs qui célèbrent ses prouesses imaginaires, de ses courtisans et de ses femmes prosternés : il n'existe pas, dans tout l'univers, un plus puissant personnage, bien que son domaine ne s'étende pas au delà de quelques portées de fusil, et bien malavisé serait le traitant qui n'aurait pas au préalable appris son nom, pour le lui répéter, comme s'il l'eût entendu prononcer à l'autre extrémité de la terre. Eh bien ! le nègre créole a conservé beaucoup de cette naïve outrecuidance. N'est-il pas d'ailleurs une parcelle de roi, de par le suffrage universel, et ne rencontre-t-il pas, dans les assemblées élues, un plus grand nombre des siens que de blancs ?

J'arrive un jour, en tournée d'inspection des pharmacies, dans un bourg de la Guadeloupe, et je demande le commissaire de police, qui, doit assister aux visites. Un jeune homme, noir de visage comme d'habit, à la prestance fière et étudiée, se présente et, sans préambule : « Vous me connaissez, monsieur ? — Je n'ai pas cet honneur. — Comment, vous ne me connaissez pas ! C'est moi, moi,... X...! » Et il me lance son nom avec un air inénarrable, trop empreint d'une dédaigneuse surprise pour laisser place même au dépit contre mon ignorance. Il semblait à ce brave garçon, depuis un mois peut-être et tout au sortir de l'école, bombardé commissaire de police d'un quartier, en raison de la pureté de ses opinions schœlchériennes, que la France eût déjà retenti de son nom !

Le mulâtre, même celui qui accède aux plus hautes fonctions, a toute la vanité des nègres, unie à tout l'orgueil des blancs : je veux dire qu'il s'extériorise avec la boursouflure qu'il tire des uns et avec la naïveté qu'il conserve des autres. Des qualités réelles s'effacent ainsi, chez quelques individus d'élite, derrière un voile d'assurance et de prétentions qui confinent de très près au ridicule.

C'était à..... : il y avait eu, dans un cercle, échange de horions entre gens de couleur, et l'un d'eux, qui s'était montré le plus exalté, avait dû comparaître devant le tribunal correctionnel. Le prévenu avait la réputation d'un honnête homme, mais quelque peu violent ; il avait été député, avait perdu je ne sais trop pourquoi la faveur populaire, changeante comme chacun sait, et il vivait de la vie commune, doucement bercé, parfois aussi trop surexcité au souvenir de la gloire d'antan. A la Chambre, il n'avait jamais pris la parole (ou bien peu). Il arrive devant le prétoire et, d'une voix tonitruante, il daigne prévenir les juges qu'ils n'aient pas à s'effrayer de ses gestes et de ses grands éclats : il sent bien qu'ils ne sont plus de saison dans un aussi petit milieu, mais il ne les saurait réprimer, par l'habitude contractée au sein des orages parlementaires. L'auditoire était enthousiasmé. J'ai conservé de la défense de l'inculpé quelques phrases dignes du marbre : « Mon adversaire peut être une capacité ; mais moi aussi je suis une capacité... Je ne suis pas bachelier, c'est vrai (la dispute était venue à la suite de certains reproches... grammaticaux) ; mais s'il me plaît de ne pas l'être ?... Je ne dirai pas : je suis moi, et c'est assez. Je suis un homme probe, honnête, de valeur et je puis produire des certificats de députés, même de ministres... » Ces certificats étaient parfaitement réels, et ils avaient servi à appuyer la candidature de leur possesseur à la direction d'une banque coloniale.

Dans une réunion électorale à la Pointe-à-Pître, un candidat-député eut un mot épique. L'assemblée témoignait son mécontentement par des murmures et des exclamations. L'orateur se tourne avec dignité vers les membres du bureau, comme pour les rassurer : « Ces interruptions se produisent partout, leur dit-il ; à Belleville, Gambetta a été également interrompu ; mais Gambetta ne se possédait pas comme je me possède. »

Il y a, dans cette vanité, large part à faire à l'imitation. L'affranchi a besoin d'affirmer qu'il est devenu l'égal du blanc, en copiant les façons de celui-ci, et, comme un acteur maladroit, il exagère sa copie jusqu'à la rendre bouffonne. Les vêtements, les manières, les habitudes des anciens maîtres, il importe d'étaler tout cela pour se montrer maître soi-même. Il n'y a pas de formes, quelques bizarres qu'elles soient, que ne prenne la vanité chez le nègre et chez plus d'un mulâtre.

Le petit propriétaire vivrait heureux, en cultivant, sur son lopin de terre, les plantes nécessaires à son alimentation ou susceptibles d'une vente quotidienne sur les marchés. Mais il sait que la *grande culture* pose son homme et il sacrifiera la meilleure portion de son champ à une plantation de cannes, coûteuse et inutile. Un agent de douane me faisait un jour les honneurs de *son habitation*, une misérable hutte, au milieu d'un champ mi-partie canne, et mi-partie manioc ; il m'avouait que le dernier lui rapportait beaucoup, et que l'autre lui enlevait le plus net de son temps et de son argent. « Alors, pourquoi plantez-vous de la canne ? — Ah ! monsieur, il faut bien avoir un peu de canne, pour avoir considération, et, *dans ma position*, cela est nécessaire. »

Il fait chaud, aux Antilles, et l'on est à l'aise sous des vêtements légers. Mais des vêtements légers doivent être taillés courts, et des vêtements taillés courts, cela sent l'homme aux abois, qui calcule en gros sous. D'ailleurs les maîtres, au temps jadis, ne portaient-ils pas de larges et longues redingotes ! L'on est stupéfait de voir, le dimanche, de beaux et grands nègres couverts à ruisseler de sueur de vêtements en drap noir, si amplement étoffés, qu'ils rappellent les anciennes modes : pantalons à la houzarde, redingote-restauration, tombant jusqu'au-dessous des genoux. Voilà qui indique un personnage cossu. Le costume n'est pas toujours payé ou bien il est loué tout exprès pour la durée de la promenade. Cela épate les amis pendant quelques heures et, tout joyeux de l'effet produit, le noir retourne le lendemain, loqueteux, à son humble métier [1]. Les parvenus n'ont garde de négliger le revêtement cérémonieux qui est la marque du haut ton. Et comme ils prennent soin de le mé-

[1] Après l'ordonnance de 1828, organisant la magistrature, la plus sanglante injure adressée aux magistrats de la métropole (et qui resta attachée au nom de l'un d'eux comme un sobriquet) fut celle de *Kalmanquiou*, expression populaire pour désigner un vêtement court, équivalente à une autre, *Blanc à p'tit casaque*, employée pour dénommer les blancs de condition inférieure, trop pauvres pour s'acheter un habit.

nager! A l'époque de la convocation des assemblées locales, on rencontre sur les routes poudreuses des voyageurs au teint d'ébène, un habit noir sous le bras, une paire de souliers à la main, le gibus reluisant sur la tête, les pieds nus : ils vont trottinant, tenant la queue d'un cheval, quand le hasard met sur leur chemin quelque cavalier de connaissance ; on dirait l'esclave suivant comme autrefois le maître et portant pour lui des objets de ravitaillement. Mais à une faible distance de la ville, le coureur se transforme : il apparaît glorieux dans un costume tout battant neuf, et il trônera bientôt sur le siège de conseiller municipal ou général ; il ne ferait pas bon rire de l'équipage de route : l'élu l'a oublié dans sa gloire, les souliers brillent du vernis immaculé de la chaussure qui n'a pas touché le sol, et leur propriétaire se rengorge à l'idée qu'on lui suppose la possession d'un cheval ou d'une voiture.

Un soir, à la Pointe, au retour d'une promenade accoutumée, j'aperçus avec inquiétude les rues envahies par une foule immense et houleuse ; au loin se dessinaient des lueurs indécises. Comme les incendies étaient alors fréquents, j'eus l'idée d'un sinistre. C'était l'enterrement fastueux, à la lueur des torches, d'un enfant ignoré, mort en France dans un lycée, et dont le corps avait été ramené à ses humbles parents, grâce au zèle et à la bourse d'amis politiques. Jamais gouverneur n'eut pareilles funérailles et cela était si fort, que les gens de couleur, cependant portés à ne rien trouver d'excessif quand il s'agit des pompes consacrées aux leurs, se moquaient tous les premiers d'une ostentation aussi ridicule.

Les fêtes de la mort sont une occasion propice à l'étalage des vanités locales. Celles-ci se manifestent principalement sous la forme d'oraisons funèbres à faire pâlir les ombres de Bossuet et de Lacordaire. Il n'est pas de citoyen si mince et si obscur, qui ne soit assuré de la sienne, et qui, dans la bière, ne devienne un grand homme. Sa famille séchera ses larmes au soleil d'une éloquence qui la caresse elle-même et la flatte, et l'orateur, grisé par ses propres paroles, boira à pleines gorgées le nectar des louanges, au moment où chacun lui viendra serrer la main, avec la componction traditionnelle.

Le maire d'une petite commune, honnête, mais sans prestige exceptionnel, est « enlevé à l'amour de ses concitoyens ».

Premier ami :

« ... Quand disparaît, Messieurs, de la scène du monde, une de ces nobles figures, le vide qui se produit est immense, difficile à combler, car elle emporte au delà de l'espace où rayonne son âme immortelle le secret de sa vie... », etc.

Deuxième ami :

« Messieurs, il y a des circonstances dans la vie où

l'homme ne peut s'empêcher de se prononcer, malgré son peu de savoir ; il ressent qu'un besoin, qu'un devoir, si je peux m'exprimer ainsi, lui imposent l'initiative de faire connaître à ceux qui l'entourent celui qu'ils n'ont pas connu. Aujourd'hui, Messieurs, nous sommes réunis autour d'un cercueil qui renferme le corps d'un digne citoyen... », etc.

Et ainsi de suite pendant un quart d'heure ou davantage.

Un troisième ami... recueille les discours pour le journal du clan politique, et si la feuille fait semblant d'oublier l'une des palabres, son rédacteur est ingénieusement rappelé au sentiment de son devoir :

« Monsieur le Rédacteur. Plusieurs personnes, après avoir lu votre journal du..., et avoir rencontré les oraisons funèbres prononcées sur la tombe du regretté père de famille..., ont trouvé étonnant que cette marque de sympathie dont j'ai fait preuve n'était aussi relatée dans ce numéro. J'ai répondu que mon intervention était personnelle et que les autres étaient une question de société... Sur leurs demandes réitérées, je viens vous prier, monsieur le Rédacteur, de vouloir me faire le plaisir de donner place dans une des colonnes de votre journal à ces quelques lignes... » etc., etc.

Et le charabia passe.

Dans une cérémonie, l'on peut mieux s'égayer des petites ficelles de la vanité nègre. A l'époque de la première communion des enfants, on voit circuler par les rues, — joyeuses et caquetant, pimpantes en leurs tapageuses toilettes, — des négresses et des mulâtresses. Elles ont revêtu leurs plus beaux atours ; elles s'en vont là où les jeunes communiants sont réunis, pendant la retraite préparatoire, la jupe brillante bien empesée, la chemisette bien blanche, les jambes nues, mais les pieds chaussés de coquets souliers, de gros bijoux d'or au cou et aux oreilles, le madras écrasé sous un large plateau : des carafons de cristal remplis de liqueurs coudoient des brocs argentés, où l'eau est rafraîchie avec de la glace, des assiettes couvertes de gâteaux et de bonbons se dressent entre des amoncellements d'oranges. C'est le repas des néophytes : repas d'anges et plus contemplatif que matériel, car les plateaux passent et repassent, toujours les mêmes en leurs échafaudages affriolants. Il s'agit moins de satisfaire à l'appétit des enfants qu'à la vanité des parents. Les familles rivalisent à qui étalera par les rues les plateaux les plus riches : ce qu'on ne possède pas, on l'emprunte, et l'on jouit des jalousies produites. Entre gamins et gamines, la même lutte de sentiments continue, chacun fait valoir *sa collation*, à laquelle il touche du bout des doigts et des lèvres, singulière façon d'enseigner l'humilité chrétienne à la veille d'un acte religieux, mais qui rencontre tolérance auprès des bons frères et des bonnes sœurs, ce jour-là honorés de nombreux cadeaux.

Après une chaude journée, après une soirée étouffante, vous avez enfin obtenu, sur votre lit légèrement rafraîchi par une brise tardive, un sommeil réparateur. Vous dormez tranquille et quelquefois rêvant à la mère-patrie. Tout à coup vous êtes réveillé en sursaut, aux accords d'instruments ou de voix. Tantôt ce sont des violons, qui attaquent avec un étourdissant brio quelque morceau en vogue, ou bien un cornet, qui se démène fiévreusement au milieu de variations endiablées. Vous maudissez le concert ou la sérénade, tout en convenant parfois que les exécutants ne manquent pas de talent. Puis brusquement, une fausse note... et tout s'arrête. Ce sont des jeunes gens, qui, de longue main, ont préparé leur scène ; qui, pour forcer plus sûrement l'admiration auditive, ont choisi une belle nuit, calme et silencieuse. Mais l'orgueil a reçu son accroc et la honte de la blessure fait taire nos virtuoses.

Je n'en finirais point si je signalais toutes les formes de cette vanité qui éclate partout dans les pays créoles. Elle est très développée même chez les petits enfants. Le fils d'un mulâtre fort intelligent, — à peine alors âgé de six ans, — me déclarait gravement, un jour que je l'avais gardé à ma table, qu'il ne serait pas médecin, mais commissaire ainsi que son papa : « Les commissaires sont les chefs des médecins et je veux être chef. » Spencer John raconte une anecdote encore plus caractéristique. Un petit mulâtre, qu'on avait envoyé à Paris, passait une journée de congé chez une vieille dame, la correspondante de son père : cette dame, pour le distraire, le conduit au Luxembourg et lui dit, en lui montrant le bassin : « Il n'y en a pas de pareils dans votre pays ? — Papa en a d'aussi beaux dans ses propriétés, » répond l'enfant. Le père était un homme en position modeste et tout au plus propriétaire de quelques pieds carrés de marécages.

*
* *

L'excellente opinion que les gens de couleur ont d'eux-mêmes se manifeste souvent d'une façon peu tolérable vis-à-vis des personnes qu'ils estiment leurs subalternes. Et dans cette estimation, ils vont quelquefois loin ! A une réunion de conseil général, un membre proposa à ses collègues de s'abstenir de toute visite à un gouverneur récemment arrivé, parce que celui-ci avait omis de leur faire visite... le premier.

Et quels mépris pour les petits et les faibles, pour le soldat et pour le coolie !

Le créole est loin de détester l'uniforme pour lui-même, à la condition qu'il soit galonné. Il se risque à porter d'abord la veste et le képi de simple soldat, quand il ne peut faire autrement... mais ce n'est jamais pour longtemps et il s'esquive allègrement des rangs si l'épaulette d'or lui paraît trop tardive. Le civil ne cache pas ses dédains profonds pour le pauvre pioupiou qui vient acquitter sa dette forcée dans les garnisons coloniales. Parader au commandement, sur la savane, devant un ramassis de négrillons, cela manque de prestige, et nombre d'imbéciles ne peuvent, dans leur cervelle, distinguer le soldat du valet, voire même du *forçat*. Je sais bien que le créole n'apprécie pas toujours nettement la portée de ses expressions, mais enfin celles-ci retiennent quelque chose de l'idée qu'elles représentent. Mais quelquefois la comparaison est catégorique, il n'y a pas à s'y tromper. Une négresse, domestique dans un ménage d'officier, ne put un jour cacher sa surprise en apercevant un soldat laver son linge : elle avait vu, à la Guyane, des forçats *bons à tout faire*, et elle trouvait naïvement que les soldats, « c'était *comme les forçats*, aussi bons à tout faire ». Le nègre... et même certains freluquets blancs, ne se gênent pas, à l'occasion, pour envoyer des vilains mots, des gestes ou des coups sournois à ces forçats..., souvent embarrassés dans le choix d'ue réponse, initiés qu'ils sont, par l'exemple d'affaires antécédentes, aux suites ordinairement regrettables que l'autorité n'hésite pas à provoquer contre eux, les innocents. On a si petite opinion du soldat, qu'à l'hôpital, où tant de maigres écrivains de toutes sortes d'administrations obtiennent d'être traités et viennent, aux bonnes époques, préparer l'obtention du congé de convalescence en France (l'objectif des créoles fonctionnaires de toutes les couleurs), des malades ont rejeté avec mépris des médicaments, parce qu'ils avaient remarqué les mêmes préparations à la tête du lit d'un soldat : « Ça, médicament pour soldat, non pour moi ! »

Vis-à-vis du coolie, l'on peut se distraire encore à meilleur compte, aussi le traite-t-on en véritable paria.

Il faut bien que des gens si satisfaits d'eux-mêmes, mais cependant plus d'une fois humiliés... par la fatalité des choses, dans leur propre milieu, trouvent têtes de Turcs et prétextes à leur exaltation. Ils s'imaginent rencontrer ce qu'ils cherchent dans l'humiliation de ceux qu'ils savent contraints à une certaine dépendance, soit par la discipline, soit par l'obligation d'un engagement.

*
* *

Au fond, nègres et mulâtres se rendent peut-être, je ne dirai pas justice, car ils ont droit aux mêmes égards que les autres, quand il restent sur le terrain des convenances et des habitudes communes, mais un compte suffisant de la fausseté, sinon du ridicule de leurs prétentions.

Ces personnages si arrogants s'estiment médiocrement entre eux.

Si le mulâtre est clair, soyez assuré que, loin

de son pays, personne ne tonnera davantage contre les gens de couleur. On sait ce qu'il est, il vit au milieu d'Européens qui n'ont à aucun degré le préjugé de la couleur, et il éprouve comme un besoin de se montrer... plus blanc que les plus purs blancs.

Aux colonies, il lui faut bien demeurer ce qu'il est, à son dépit intime. Il s'unit au nègre, afin de dominer, avec une masse imposante, l'orgueilleuse aristocratie qui reste obstinément fermée à ceux d'autre sang. Mais il n'en estime pas davantage le noir, qu'il prétend conduire et diriger à sa guise. Le noir lui rend la pareille, et il ne se gêne guère pour dauber à son tour le mulâtre : lui, dit-il, est d'une race pure, tout comme le blanc ; mais le mulâtre n'appartient à aucune, « c'est un café au lait, — aimait à répéter un curieux original, très fier de sa couleur d'ébène, relevée par des cravates et des gilets aux plus voyantes teintes,... et aussi des avances intéressées que lui prodiguaient les blancs, à propos de menées électorales, — mais le café au lait ne vaut ni du bon lait, ni du bon café pris séparément, et le mélange ne rend ni l'un ni l'autre ».

Deux perles entre mille pour prouver ce que j'avance.

Un mulâtre porte plainte au procureur de la République contre un noir qui s'est permis d'arrêter son cheval et de le bâtonner lui-même :

« Monsieur,

« J'ai l'honneur de venir vous déposer les faits suivants : hier dimanche, vers les 5 heures du soir, étant en voiture, je fus, près du pont de..., arrêté par un *misérable de nègre*, qui tenait la bride de mon cheval et ne voulait plus me laissé continué ma route. Je suis descendu de voiture et je lui ai demandé le motif pour lequel il agissait ainsi envers un *noble citoyen* et après avoir été blamé par *le peuple* je le laissais furieux et continuais ma route pour me rendre chez moi. »

(Le misérable nègre poursuit le noble citoyen et s'oublie jusqu'à donner du bâton au cheval et au maître, « coups dont je porte jusqu'à ce jour la trace marquée par une cicatrice bleuâtre », ajoute le plaignant. Après une insinuation que le commissaire de police s'est borné à prendre quelques renseignements, parce qu'il était *sans doute* l'ami du nègre, la lettre continue ainsi) :

« Dans le voisinage, bien des personnes ont vu de la façon que j'ai été maltraité par ce nègre ou plutôt par ce misérable. Oui, monsieur le Procureur, je compte sur vous pour me rendre justice ; je n'ai jamais de ma vie frappé et aujourd'hui sans avoir rien fait je suis brutalement frappé par un de ces libres-penseurs du 14 juillet à venir... »

(*Je* est presque partout écrit avec sa première lettre majuscule et la signature est ornée d'un énorme et bizarre paraphe.)

Voici maintenant les doléances d'un petit clan de vrais nègres, molestés par des mulâtres de leur commune (ext. du *Courrier de la Guadeloupe*, 1ᵉʳ décembre 1882) : c'est un peu long, mais trop instructif pour que je retranche rien à l'article :

« Monsieur le Rédacteur, j'ai l'honneur de vous prier

d'accorder l'hospitalité dans vos colonnes aux quelques lignes suivantes.

« La dernière lettre que je vous ai écrite était destinée à relever l'injure que certains mulâtres parasites de notre pays ont jetée à la face des affranchis de 48. Ce n'était pas de M. B., nègre comme moi, que j'attendais une réponse, mais de ces grands mulâtres de la Pointe-à-Pitre qui ne touchent la terre que du bout des pieds.

« M. B. est un nègre illettré, par conséquent ne parlant pas le français, à plus forte raison ne l'écrivant pas. On m'assure même qu'il ne connaît pas plus ce qui s'appelle république, que ce qui se nomme démocratie ; car toute sa science est de savoir tendre son filet, sa richesse de prendre beaucoup de collas.

« Celui qui fait parler et écrire le français à ceux qui ne le savent pas, est, dit-on, un mulâtre à la tête chauve, ancien habitant de... Cet homme d'habitude n'écrit que sous l'influence des effluves alcooliques, ou lorsque son estomac est un peu refait des miettes de la table d'autrui, ce qui arrive surtout dans le cours des périodes électorales.

« Mais peu importe à qui revient la paternité de cette lettre ; le caractère calme et conciliant qu'elle revêt ne trompe personne. On m'a toujours dit que ce mulâtre de... ressemble à un caméléon, il reflète la couleur de tous les objets qui l'ombragent ? Voyez sa ruse ; pour donner le change à ses paroles, il emprunte le nom d'un nègre ; car en insultant les affranchis de 48, il a oublié de dissimuler le mépris qu'il nourrit pour nous, il a bien vite senti la gravité de son imprudence, et pour faire oublier une si fâcheuse distraction, il tient aujourd'hui une autre attitude : il n'entend plus prendre pour adversaires ceux qui n'ont pas sa couleur et il nous parle du concours du nègre et du mulâtre ; mais pourquoi le concours du nègre et du mulâtre, et non pas celui du blanc, du nègre et du mulâtre ?

« Il ne le dit pas. Eh bien ? moi P. D. je vais vous le dire : il ne veut pas du blanc parce qu'il veut dominer et il demande notre concours pour que nous nègres, nous lui tenions l'échelle sociale qui l'élève aux places et aux honneurs ; mais une fois arrivé au sommet de cette échelle, il nous défend bien d'en franchir un seul degré, car si les paroles du mulâtre sont fausses, les faits parlent et ne trompent personne... Eh bien ! mon cher B..., combien de nègres à la députation ? Zéro ; combien de mulâtres ? quatre... Combien de nègres au conseil général ! Six ; combien de mulâtres ? vingt et un. Combien de nègres à la tête des communes de la colonie ? Zéro. Combien y en a-t-il eu ? A ma connaissance, deux. Qui les a renversés ? les blancs ? non, non, toujours les mulâtres.

« Vous voyez donc, mon cher B..., que vous êtes le teneur d'une échelle, sur laquelle il ne vous sera jamais permis de mettre le pied. En voulez-vous des preuves ? Je vous donne en première ligne l'aveu sincère et spontané d'un maire qui se dit mulâtre (c'est le vôtre). Un jour il reprochait à un jeune homme de l'avoir traité d'incapable et d'avoir dit que J. D... est le seul homme capable de prendre la direction de cette commune... Voici quelle fut à ce jeune homme la réponse de votre maire : « M. D... est un nègre élevé sous les pieds des chevaux du père Robert, et moi (en se frappant la poitrine de la main) sachez que je suis libre de naissance, que je suis un bon et franc mulâtre... » Saisissez-vous bien ce qu'on entend par le concours du nègre et du mulâtre : M. D... est nègre, votre maire est mulâtre.

« Un autre fait vous fera comprendre tout ce qu'il y a de sincérité dans ce langage... Il n'y a pas longtemps, un conseiller municipal mulâtre tenait la conversation suivante à l'un de ses amis. « Mon cher, lui disait-il, lorsqu'au conseil municipal j'adresse la parole au maire, je le fais trembler ; car je ne crains pas de lui dire qu'il ne prend pas les intérêts de la commune qu'il administre... ; déjà

je l'aurais renversé s'il n'avait la même peau que moi... »
La conclusion, mon cher B..., est que si ce maire était
un nègre de notre peau, il serait déjà renversé...

. . . .

« Le maire de... se dit franc-mulâtre... mais ne serait-ce pas de sa part l'histoire du geai qui revêt le plumage des paons pour se mêler à leur bande ; car enfin la pièce de café de l'habitation M. qui s'appelle C... est encore là et on sait pourquoi elle porte ce nom. Il est libre de naissance, et j'ajoute ses parents avaient des esclaves ; mais pourrait-il me dire, afin qu'il ne mérite pas le reproche qu'il jette souvent à la face des blancs, si ses parents et tous les mulâtres qui ont possédé des esclaves les ont rendus à la liberté seulement une heure avant que les blancs aient élargi les leurs...

« C'est donc vous dire, Messieurs les mulâtres de..., que l'esclavage que vous agitez toujours comme un fantôme sanglant et menaçant le nègre, est votre œuvre, comme il a été l'œuvre des blancs. Il y a cette différence, c'est que si parmi les blancs il y a eu des maîtres durs et cruels, c'était le petit nombre ; chez les mulâtres c'était la généralité. Bien plus, on a vu certains mulâtres avoir leurs parents pour esclaves et plutôt que de les rendre à la liberté, comme le demandait la loi de la nature et du bon sens, ils n'ont pas rougi de mettre à prix leur tête, de chercher à les vendre. Ceci est de l'histoire...... »

P. D.

J'aurai à revenir sur l'esprit que dénote le ton général d'une pareille lettre. Mais il m'a paru utile de l'insérer en cette place, afin de découvrir dès maintenant l'un des côtés du caractère de la population créole aujourd'hui au pinacle de l'influence. Si des ambitieux, qui vivent d'un perpétuel conflit et battent monnaie avec leurs haines et leur mauvaise foi, n'agitaient sans cesse le spectre d'une restauration esclavagiste, le nègre serait bien près de s'entendre avec les blancs et ceux-ci accepteraient avec lui une alliance qu'ils repoussent avec le mulâtre, par la crainte d'être toujours les dupes de ce dernier. Le noir, en effet, malgré ses bouffées vaniteuses, a le sentiment assez franc de sa valeur et de sa situation. Son trop-plein de lui-même crève à certains moments, comme une bulle de savon, et alors l'individu s'oublie : ce n'est pas qu'il ne conserve encore une assez haute idée de sa personne, mais il ne ménage plus ses appréciations aux adversaires de sa propre couleur. Ce qu'il ne tolère pas du mulâtre, ni du blanc, le nègre le dit et le pratique contre ceux de sa race. Sur les anciennes habitations, les commandeurs noirs étaient sans pitié pour l'esclave et ils exagéraient souvent les rigueurs ordonnées par le maître. Après la révolution d'Haïti, Dessalines et consorts ont montré le cas qu'il faisaient de leurs compatriotes affranchis. Et dans nos colonies, écoutez ces négrillons, coiffés d'un fragment de chapeau, fièrement campé sur leur tête ébouriffée, mal culottés d'un lambeau de pantalon : ils se disputent avec véhémence, mais ils s'étudient, devant la galerie, à s'adresser la parole en termes *distingués* ; ils ne se tutoient pas. Bientôt la colère les déborde et alors les injures de pleuvoir ; c'est un feu croisé de : *Saqué nègue! Sale nègue!* Le comble, au delà duquel il n'y a plus de blessante invective, c'est l'expression de *nègue z'abitation!* Cela veut dire à l'adversaire qu'il n'est pas seulement un nègre, mais un nègre qui cultive le sol pour un salaire, un être qui tient de l'esclave d'autrefois[1]. La négresse surtout est prodigue de ces bizarres épithètes envers les hommes de son milieu. Je me souviens d'une plaisante scène, entre une vendeuse de fruits et un nègre débraillé, qui avait porté une main, vide d'argent, sur l'étalage : « *Ous sale nègue! ous vilain nègue! ous z'autres plus bêtes z'enco depuis République!* »

*
* *

On comprend, qu'avec un caractère si enclin à exagérer l'importance de soi-même, les créoles, blancs, noirs ou de demi-teinte, soient d'une susceptibilité particulière et facile à devier sur le terrain des pires querelles, aux cours des relations. On comprend aussi qu'ils aient, les uns vis-à-vis des autres, presque autant que vis-à-vis

---

[1] Démonstration banale de la fâcheuse idée que le nègre se fait du travail libre et de la grande culture depuis l'émancipation. Une anecdote à ce sujet. A une négresse qui annonce son prochain mariage, un Européen, peu au courant des choses créoles, demande si son futur travaille la terre. La dame s'emporte et répond à son questionneur ahuri : « *Respectez-ous.* » En bon français, il faut traduire ainsi : « Comment vous respectez-vous si peu, que vous osiez penser à un ouvrage si avilissant... pour un honorable citoyen. »

de l'Européen, une tendance regrettable au dénigrement (elle ne recule pas même devant la dénonciation anonyme, à propos des choses les plus futiles). Mais on s'étonne de l'alliance des sentiments hautains avec la fréquence et l'humilité de forme du quémandage : c'est une plaie des milieux coloniaux.

Il y a le quémandage aux places.

Tantôt la demande est formulée hardiment. L'homme se croit une capacité. Il n'a aucune raison pour en douter et pour le taire. Il se propose pour un emploi vacant ou à créer, parce qu'il est le plus à même de le remplir. Encore lui doit-on savoir gré de s'offrir... et d'accepter.

Tantôt la demande est l'essai d'un jeune, qui se découvre tout à coup des ailes pour voler... en même temps qu'il se voit très dépourvu d'autre chose. L'audace est souvent couronnée par la fortune. Qui s'imaginerait, en France, qu'une missive comme la suivante a été le point de départ d'une situation assez élevée pour son auteur !

> Monsieur l'ordonnateur,
>
> La sollicitude nationale serait-elle de nature à confirmer un jeune homme dans une espérance qu'il peut avoir : 15 ans passés chez un notaire ont marqué de leur irréfragabilité l'atteinte première de celui qui sollicite et sa réputation duement enviée n'a rien à objecter. La jeunesse conserve-t-elle ses prérogatives. Ceci dit, je viens monsieur l'ordonnateur, vous demander une place dans votre administration surabondante et déclinatoire. Qu'a-

jouterai-je à ces mêmes propos ; ce ne serait qu'augmenter ma missive, tandis que votre réponse qui doit se composer d'un seul mot aura l'éclat et la limpidité du soleil.

Je suis, monsieur l'ordonnateur, et sous la sauvegarde de l'honneur, bien entendu, votre inhérent serviteur.

D'autres solliciteurs usent des flatteries les plus invraisemblables. Un peu plus, ils présenteraient leur requête à genoux et le front bas, malgré qu'ils montrent parfois un long bout de l'oreille de la présomption originelle.

M. le Directeur (de l'intérieur),

Bien que la demande que j'ose faire auprès de vous n'est pas la moindre, espérant que cela ne produira sur vous ni aucun soupir ni aucune détresse ; car vous dire, je ne suis pas un de ces hommes les plus aisés au besoin ; je suis né dans une ville parfaitement bien constituée ; une mère m'a placé dès mon bas âge dans un établissement public, et mon père que j'ai connu dès ma plus tendre enfance est parti pour l'étranger, et je ne l'ai plus revu jusqu'à l'actuel.

Dit-on que l'épiderme noir ne possède nulle chance pour le bien, mais je poursuis toujours mon avenir, qui depuis dix-huit ans ou vingt-ans, m'a fait défaut.

Monsieur le Directeur, je suis dans une situation affreuse, mon existense est répugnante, j'ai réfléchis sur toutes choses et mes regards se sont arrêtés sur Votre Majesté. Je viens donc implorer cette clémence que vous exercez sur cette terre vraiment républicaine, en vous demandant une petite place d'écrivain de la Direction de l'intérieur...

Vous êtes, monsieur le Directeur, le second Rédempteur de la patrie vraiment républicaine ; vous êtes venu et l'envoyé de Dieu pour protéger la liberté, défendre les armes que les ennemis portent contre la France, vous serez leur terreur dans les combats, leur vainqueur sur cette terre bénite et Dieu vous protégera.

Recevez, monsieur le Directeur, l'assurance de mes attendrements, de ma vive foi, de mon amour, de mon respect, de ma parfaite considération avec laquelle j'ai l'honneur d'être dans le plus profond silence, votre dévoué serviteur [1].

Il y a le petit quémandage, celui de la pièce de cent sous ou de vingt francs, à la bonne franquette, la mendicité sans honte, exercée souvent par de bas employés, qui touchent des appointements fixes, mais estiment comme permis tout moyen de les augmenter. Des gens, qui revêtus d'habits civils fort convenables, qui revêtus d'un costume officiel, mais que vous ne connaissez point, que vous n'avez même jamais vus, viennent à brûle pourpoint, carrément, dans la rue ou après avoir *sollicité une entrevue*, avec force démonstrations de belles manières, vous tendre la main ; ils n'ont pas d'autre motif à vous donner que celui-ci : ils auraient besoin de quelque chose. Ou bien cela se fait par lettre : en voici une que je reçus un jour d'une mulâtresse mariée,

[1] Cet hyperbolisme est de haut goût en style épistolaire colonial. Il se déploie à l'occasion des demandes les plus insignifiantes. J'ai eu sous les yeux une lettre adressée au procureur de la République, à la Pointe-à-Pitre, à propos d'un extrait de casier judiciaire que désirait obtenir un candidat à l'examen du surnumérariat dans les contributions : le magistrat y était appelé « aimable majesté ». En revanche, on rencontre fréquemment dans les formules l'oubli de la politesse la plus élémentaire : des personnes de tout âge et de toute condition adresseront au gouverneur lui-même leurs « salutations les plus empressées ».

à l'aise, qui se croyait autorisée à me l'adresser, parce qu'elle m'avait aperçu deux ou trois fois, sur la porte de l'hôpital :

> Bien cher mi Docteur,
>
> Je vous souatte le bonjour je vous fait demander si vous avait pas 20 francs à me prêter vous me rendez un grand service au finiment du mois il vous le rendez si vous fait à mois ce plaisir vous me rendez grand plaisir.

J'en laisse de côté !

Cependant je ne saurais omettre le quémandage... au congé de convalescence, qui équivaut à une sorte de bon, pour aller visiter en France le vénérable Shœlcher ou les splendeurs de la capitale, sans bourse délier. C'est l'objectif de tous les fonctionnaires, des plus minuscules aux plus majuscules, nègres, mulâtres ou blancs. L'on en est venu à regarder ce bienheureux congé comme un droit..., comme chez nous un tas de gros bonnets plus ou moins maritimes s'imaginent que les conseils de santé doivent leur fournir les moyens d'aller poser *aux Eaux*, accompagnés de leur famille ! Les médecins se montrent coulants, mais jamais assez au gré des appétits : l'escompte de leurs complaisances leur attire beaucoup de flagorneries, et leurs rebiffements beaucoup d'attaques, où la grossièreté s'allie parfois à la diffamation.

**

Les pièces originales que j'ai déjà rapportées

font toucher du doigt l'un des principaux facteurs des travers créoles, l'ignorance.

Cette ignorance est profonde, dans toutes les classes, à l'exception d'un nombre fort restreint d'excellents sujets, à rechercher, surtout parmi les mulâtres et l'aristoratie blanche. Ce n'est pas que l'instruction manque toujours, que les livres et les journaux ne soient assez répandus. Mais les idées tombent en terrain mal préparé pour leur bonne élaboration ; le jugement fait trop souvent défaut, là même où l'on devine une intelligence naturelle très vive. Beaucoup, sous l'influence de cette vanité qu'on retrouve en toutes choses aux colonies, se préoccupent moins d'acquérir en fond qu'en surface : grâce à une mémoire heureuse, ils emmagasinent des mots, ramassent de quoi briller... Ils ne songent même pas toujours à comprendre. Le noir principalement se grise de mots, qu'il place à tort et à travers ; cette habitude contribue à le retenir dans une infériorité d'esprit que lui masque l'accès aux meilleures fonctions, de par la volonté de ses congénères et du suffrage universel, mais qui se découvre en mille occasions aux yeux de l'Européen.

On peut rire de cette pancarte affichée dans la salle de billard d'une auberge de hameau :

Règlement pour indiquer la manière qu'on doit venir au billard.

Venez au billard poche sourde mais non pas légère

parce que vous savez quand un arbre est charger de fruit et de feuilles elles se tombe sur les côtés, mais quand le fruit et finie, elles se lève et bien plus grand les fruires sont terminer le soleil dessécher les feuilles elle se lève en ce plus haut.

L'on rit d'abord, et puis l'on devient triste, à ces discours que prononcent gravement, à des cérémonies publiques, à des distributions de prix, maints conseillers généraux ou municipaux ! Vain enfilage de niaiseries ou de mots sonores, sans liaisons d'idées, qui témoigne du degré de l'instruction chez des gens appelés à diriger l'enseignement.

Un conseiller général nègre commence ainsi son discours, à l'inauguration d'un orphelinat de jeunes filles :

« Aujourd'hui et depuis 1870, le corollaire de la Liberté a été doté, nous constatons que, au fur et à mesure, la Providence place toujours dans le domaine de l'intelligence des élus du peuple de la colonie des idées aussi sublimes que nécessaires pour l'avancement de notre pays, soit pour son agrandissement moral et intellectuel, soit et surtout pour la jeune génération qui se lève, qui nous exemptera un jour... » etc. etc.

Le même, à la distribution de prix d'une école primaire de jeunes filles, termine un inénarrable discours par cette péroraison :

« Jeunes demoiselles et chères élèves,
« Que les couronnes qui vous ont été décernées aujourd'hui vous portent bonheur. Que ces mêmes couronnes

vous accompagnent un jour avec vos parents et vos amis devant notre Hôtel de ville, et, selon l'usage, comme au pieds (sic) des autels, là où vous avez reçu le baptême, pour sanctionner le vœu de tout ceux qui ont travaillé pour vous depuis le jour de votre naissance, jusqu'au jour solennel de la récompense naturelle, que la civilisation impose à la société, pour vous régénérer. [1] »

On a dit que l'homme de couleur était avide d'instruction. Cela est vrai, mais jusqu'à un certain point. Les écoles primaires sont peut-être plus fréquentées, aux colonies, et avec un empressement plus volontaire, qu'elles ne le sont chez nous [2]. Les parents comprennent que leurs enfants doivent acquérir des connaissances qu'ils ne possèdent pas eux mêmes, afin d'agrandir la sphère de leur condition, et les enfants, par vanité émulative, répondent à leurs vœux. Partout où une école s'élève, on voit les petits noirs y accourir, sérieux avec leur bagage de cahiers et de livres, et souvent de fort loin ; rien ne les rebute, ni la distance, ni les mauvais chemins, ni le gros temps de l'hivernage ; parfois, pendant qu'ils écouteront le maître, le torrent voisin aura débordé, la pluie aura raviné les sentiers déjà

---

[1] Copié sur la minute originale adressée à un journal. Le même encore, à ce qu'on raconte, dans une discussion relative à des essais d'élevage, entendant parler d'étalons et prenant ce mot pour l'expression d'une espèce chevaline particulière, réclama *pour sa ville* l'honneur de posséder le premier spécimen, *mâle ou femelle!*

[2] Lire la brochure de l'amiral Aube : *La Martinique, son présent et son avenir*, 1882.

très escarpés et l'enfant ne pourra revenir à la case ; il trouvera, dans la hutte la plus proche, un coin pour s'abriter et dormir, quelques bananes, quelques morceaux d'igname ou de fruit à pain[1] pour se nourrir, et continuera à se rendre en classe aux heures accoutumées. Quel enfant blanc en ferait autant ? Le jeune noir apprend avec facilité et même, pendant les premières années, il n'a point de peine à surpasser en progrès les fils des anciens maîtres. Puis, au moment où l'élan semble le plus rapide, le fruit près de mûrir, tout change. Le petit blanc, s'il ne s'en va dans quelque école française, poursuit jusqu'au bout le cours de ses études, avec apathie, mais avec une persévérance suffisante pour acquérir une instruction moyenne. Le petit nègre, gonflé par ses premiers succès et qui a déployé pour y atteindre sa plus grande force vive, s'arrête : ses parents, émerveillés de ses propos, partagent le contentement qu'il a de lui-même, et, de part et d'autre, on croit qu'un peu de lecture, d'écriture et de calcul est assez pour ouvrir les carrières larges et belles !

Et pourquoi ne le croiraient-ils pas ? Ceux-là qui, dans les cérémonies publiques, leur apparaissent ceints de l'écharpe tricolore, majestueux et compassés, ceux-là qui prononcent de si magnifiques harangues, reproduites dans les jour-

---

[1] Fruit des *Artocarpus incisa* et *integrifolia*.

naux, ce sont des nègres comme eux; ils n'ont pas appris au delà ce qu'ils ont appris eux-mêmes. L'on possède assez d'instruction, l'on en possède même plus que les blancs..., puisque ceux-ci n'arrivent à rien !

Les maîtres ! comment pourraient-ils former le jugement de leurs élèves, recrutés qu'ils sont trop fréquemment parmi les cervelles vides, en tous lieux si chères aux coteries !

*
* *

Côté laïque!
Il y a, aux colonies, un certain nombre d'instituteurs venus de France, pourvus d'un traitement insuffisant, mal logés, soumis aux dures épreuves de l'acclimatement, regardés avec cette hostilité jalouse que tout Européen rencontre dans le monde créole. Ils ne comptent guère, ils ne peuvent compter.

Il y a quelques rares instituteurs créoles capables et très dévoués; mais les moyens leur manquent pour mener à bien leur mission, quand ils ne sont pas découragés par l'indifférence ou le dédain.

Les faveurs vont aux camarades de la coterie politique la plus forte, aux beaux palabreurs et aux imbéciles. Je sais bien qu'il en est ainsi ailleurs que dans nos colonies, mais là-bas les contrastes forcent l'étonnement de l'Européen, blasé chez lui par la répétition d'autres sottises. Les élèves répondent fatalement aux maîtres. Veut-on un spécimen d'instituteur choisi de par la politique? A la Guadeloupe, l'un des premiers soins d'un gouverneur récemment débarqué, homme intelligent et d'autant plus dévoué à l'œuvre de l'instruction populaire, qu'il sortait des rangs de l'Université, fut de visiter les écoles. Je ris encore au souvenir de la réception qu'il trouva au bourg de la G... Le pédagogue était un noir magnifique, mais débraillé, en lutte avec le maire, parce qu'il prétendait fermer son école aux enfants des familles décidées à soutenir les intérêts d'un adversaire de M. Gerville-Réache. Il vint au-devant du gouverneur un violon à la main, le salua d'une *Marseillaise* frénétiquement râclée, puis se présenta comme le maître modèle: les enfants qui venaient chez lui étaient bien plus savants que tous les autres; ils savaient que, dans l'air, il y avait de l'azote. et de l'oxygène (par exemple, ils ignoraient probablement, tout comme leur maître, ce que c'était que l'azote, ce que c'était que l'oxygène). Après le discours, nouvelle *Marseillaise* et respectueuse attente de compliments, que le gouverneur fit, timidement entremêlés de quelques remontrances.

Autre type; celui-là de la Martinique. Il s'agit de perpétuer le souvenir d'un événement local, et, sur un tamarinier de son village, un instituteur de la Rivière-Blanche placarde ce joli morceau, cité par *les Colonies* (15 février 1890) :

SOUVENIR

Gardes (*sic*) à toi, tonnerre,
Tu cherches à m'écraser
De la foudre meurtrière
Que produit la lumière.
Scélérat! Vulcain,
Par ton père terrible,
T'endurcit le cœur,
Te rend inflexible.
Que de nombreuses victimes
N'as-tu pas faites ?
Tu poursuis l'homme de la défaite.
Mon esprit est rempli
De ce jour néfaste :
Deux hommes s'arrêtèrent
Sous ce tamarinier ;
Soudain
Du cratère tonnant
Fait tomber sur cet arbre
Deux hommes mourants.
L'un tenait dans sa main crispée
La poule carbonisée ;
L'autre, par le soufre impur asphyxié,
Sur un lit de douleur
Vient de mourir, ô Dieu !
Avis aux voyageurs!
En passant par ici,
Levez les yeux,
Lisez ceci :
En mil huit cent quatre-vingt,

> Le seize octobre, à huit heures
> Du matin,
> Deux hommes ont été foudroyés
> Sous ce tamarinier.

Le journal dévoué à M. le député Hurard a soin d'avertir que la pièce est l'œuvre « d'un instituteur deprogiste... ayant autant de talent poétique que ses coreligionnaires politiques ont de bon sens et de dignité. »

Les choses marchent-elles mieux, dans le domaine de l'instruction secondaire et supérieure? (Car on a des établissements de tout ordre, des lycées, et même, à la Martinique, une école de droit; on délivre des diplômes de bacheliers, l'on procède à des examens pour des brevets de pharmacien et d'officier de santé. J'en reparlerai.)

A la Réunion, où la population est assez homogène, grâce à la moindre intensité du préjugé de la couleur et où l'on suit, depuis longtemps, avec une application réelle, les exemples de la métropole, le lycée fonctionne avec succès; son personnel est bien recruté et bien dirigé.

L'on dit qu'il en est aujourd'hui de même à la Martinique, après quelques secousses. Je le veux croire, malgré que la reussite me paraisse singulière, au milieu des divisions qui règnent en ce pays. Je ferai seulement remarquer, qu'en 1886, sur 124 pensionnaires, il y avait dans l'établissement 78 boursiers!

Pour la Guadeloupe, je puis écrire d'après

mes observations personnelles. L'histoire du lycée de la Pointe-à-Pître aura sûrement une place dans les annales de l'administration coloniale. Pour l'établir, on obtint tortueusement du ministère de la marine, à un prix dérisoire et contre la cession d'un local mesquin et insalubre, décoré du nom de *Nouvel hopital militaire*, les magnifiques bâtiments de l'ancien hôpital, qui avaient coûté plus de deux millions à la métropole et avaient été élevés sur un terrain concédé gratuitement par une riche dame créole, à la condition expresse de l'utilisation spécifiée. Ceci se passait en 1881, sous l'illustre Gougeard, l'ami de Gambetta et de Schœlcher. Nos marins et nos soldats privés des secours d'une bonne et sérieuse hospitalisation[1], la population indigène allait-elle au moins bénéficier de l'œuvre universitaire ? En 1885, la dette contractée envers la métropole était encore à acquitter et les frais s'élevaient, pour 100 élèves, dont 18 *pensionnaires payants*, à l'énorme somme de 377,000 fr.,

[1] On le reconnaît... et l'on en prendra bientôt prétexte pour balayer ce qui reste de militaire à la Pointe. On a déjà lancé cette insinuation, que la métropole pourrait supprimer l'hôpital actuel et son personnel (trois officiers du corps de santé de la marine), verser les marins, soldats, fonctionnaires et officiers malades sur les services de l'hôpital civil, moyennant un bon paiement, cela va sans dire. L'idée est géniale et démocratique : les Européens seront condamnés à se mélanger à tous les nègres pouilleux, à tous les coolies vagabonds ramassés dans la rue et sur les routes. Ajoutons que l'hôpital civil n'offre pas le moindre confortable, qu'il s'élève sur un terrain bas et marécageux, au voisinage d'un canal infect, dans un faubourg. Excellente maison de réfection pour les serviteurs de l'Etat !

ainsi décomposée : subvention du service local, 297,000 fr., bourses de la colonie 40,000, bourses de la Pointe-à-Pître 10,000, bourses des communes (36), 30,000. L'année suivante, la situation ne s'était pas améliorée et même les aveux commençaient à se faire... publics, sur une situation qui ne profitait qu'à un petit nombre, se dessinait moins comme une tentative sérieuse d'instruction, que comme un trompe-l'œil... fort lourd à maintenir pour la colonie. Mais ces rares élèves, si dispendieusement entretenus[1], vont-ils du moins recevoir une large et solide instruction? Sous le rapport des connaissances, ils trouvent beaucoup à apprendre auprès de quelques professeurs, licenciés ou même agrégés, mais non pas auprès de tous. Mais ce qui manque trop généralement au personnel, c'est la note exacte du milieu, parfois aussi une rigoureuse correction de tenue. A son contact, l'enfant créole n'acquiert pas ce dont il aurait le plus besoin, le respect des autres et la parfaite entente des obligations sociales. L'Université d'ailleurs a la prétention de former la jeunesse d'après un

---

[1] Combles sur combles ! On avait réglé l'alimentation sur les mêmes bases que dans nos lycées, sans tenir compte de la différence des habitudes. Les parents étaient flattés de voir leurs enfants tortiller des tartines de beurre... à l'instar de France, dans un pays où l'on ne mange guère de beurre et où il est hors de prix. Les petits bonshommes eussent préféré une poignée de farine de manioc, qui eût coûté moins cher. Mais connaît-on le bon sens, dans la vanité et dans la routine administrative ?

système... à elle, qui ne contribue pas peu à multiplier les non-valeurs au sein de nos collectivités. Elle confond l'instruction avec l'éducation ; elle estime qu'elle a tout fait pour l'enfant, quand elle a bourré son esprit de vieux langages, de géographie et d'histoire, découpées par le menu, et d'un indigeste fatras scientifique. A façonner ses mœurs, à le préparer à entrer de plain-pied dans la lutte âpre du milieu, elle ne songe même pas. En France, si le professeur reste un pédagogue, au moins n'offre-t-il pas de mauvais exemples : il est soumis à une discipline qui l'oblige à se montrer toujours et partout un homme bien élevé, prudent en paroles et en actes. Eh bien, aux colonies, des écarts se produisent. Je ne prétends faire allusion qu'à des choses que j'ai vues. A la Guadeloupe, on a recruté des professeurs certainement très distingués, et j'en sais qui n'eussent pas été déplacés dans les chaires de nos meilleurs établissements métropolitains, mais d'autres aussi dont l'*alma mater* ne demandait qu'à se débarrasser. Les nouveaux arrivés, les représentants des grands principes, ont affiché très haut leurs sentiments égalitaires (fort honorables), mais sous l'impulsion irréfléchie de ces sentiments, ils se sont laissés entraîner à ne fréquenter que des cercles exclusifs, tapageurs, où ils ont contracté parfois des habitudes qu'on n'eût sûrement pas tolérées en France. L'élève remarque tout et il est porté à l'imitation. Un maître qui se tient mal ne formera jamais des élèves qui se tiennent mieux, et, du même coup, l'universitaire qui verse dans les coteries ne saura contribuer en rien à l'amélioration morale et sociale d'un pays précisément perdu par l'étroitesse de ses préjugés. Puis le personnel métropolitain s'est fait rare. Il y avait bien quelques répétiteurs, qui eussent été heureux de se fixer dans la colonie, si on les y eût encouragés, en les sortant de leur position précaire. Au lieu de cela, l'esprit créole a reparu : on a rempli les vides avec les créatures des coteries locales, trouvé pour des hommes de valeur médiocre... ou de caractère douteux, des allocations et des fonctions qu'on n'avait point su découvrir pour d'humbles métropolitains. D'aventures en aventures, on s'est acculé à la nécessité de maintenir par amour-propre un établissement inutile, mais ruineux. Des classes entières font défaut, des maîtres en cumulent d'autres, et il ne sort de là que des élèves pour la plupart inférieurs à ceux des établissements rivaux. Je ne céderai point aux sollicitations de la malignité, car je ne veux point affliger quelques bons serviteurs, que j'ai connus, par les révélations bouffonnes ou scandaleuses des faits et gestes de certains de leurs collègues. Il me suffit d'avoir résumé ma pensée sur une question considérable et qui, sans doute, n'est pas encore résolue.

La Guyane, elle aussi, a eu son lycée. J'ignore s'il existe aujourd'hui, mais ses débuts sont dignes de mémoire. Le proviseur choisi fut, dit-on, un universitaire qui, dans les derniers temps de l'Empire, quitta la toge pour le tablier de pâtissier et eut son quart d'heure de célébrité à Paris, en vendant des *petits fours*. Les professeurs le prenaient fort à l'aise avec les 15 élèves, tous boursiers, que la colonie avait confiés à leurs soins. J'ai entendu parler de parties de cartes interminables dans les classes, entre ces messieurs..., fort peu de leur zèle à développer les programmes.

Au lieu de ces essais, il y avait une mesure à prendre, dictée par le bon sens.

Se décidera-t-on à dépouiller le sot amour-propre, qui oblige des colonies pauvres à entretenir des établissements coûteux et de médiocre utilité, afin d'entendre répéter qu'elles possèdent des lycées à l'instar de la métropole, à écouter enfin la voix de la raison. Des établissements modestes conviendraient mieux à la moyenne des aptitudes de la population. Mais pour les bons sujets, au lieu de les confiner en des lycées où l'instruction est peut-être suffisante, mais où l'élève conserve ce mauvais petit esprit de terroir, qui entretient le marasme et la division, pourquoi n'établirait-on pas un roulement de bourses dans quelques-uns de nos lycées français? A Nantes, à Bordeaux, etc., les jeunes créoles trouveraient, avec une instruction large et sérieuse, l'oubli des préjugés de races, au contact des Européens ; adolescents, ils reviendraient parmi les leurs, dispensateurs à leur tour des paroles de véritable égalité et de véritable fraternité, et peu à peu l'esprit se transformerait à l'avantage de tous. Comment n'a-t-on pas été frappé de la différence de caractère et d'allure, qu'apportent, au milieu de leurs concitoyens, les trop rares jeunes gens, blancs ou de couleur, élevés en France, grâce à la situation de fortune et à l'intelligente préoccupation de leurs parents ? Et si on l'a remarquée, comment n'a-t-on pas cherché à étendre un résultat si désirable à une plus grande fraction de la population, par l'envoi dans nos lycées de boursiers choisis dans les familles les plus méritantes ?

Mais la classe qui crie le plus fort contre le préjugé de la couleur tient-elle réellement à son abolition ? J'en doute parfois !

*
* *

Côté congréganiste !

Les frères et les sœurs de l'Instruction chrétienne, les sœurs de Saint-Joseph de Cluny, etc., ont, jusqu'à ces derniers temps, répandu l'instruction primaire dans un grand nombre de communes pauvres. Ces religieux ont rendu d'immenses services et ils méritaient mieux que d'être brutalement remerciés, au profit d'instituteurs dans le genre du violoniste de la G... Leur enseignement simple, leurs habitudes et leurs manières sans prétentions, convenaient aux enfants des campagnes, et la moralité de ces humbles maîtres était bonne. Mais il fallait faire œuvre de politique. Malgré que la population se souciât fort peu d'un choix catégorique entre laïques et congréganistes, qu'elle marquât plutôt ses préférences pour les frères, ses premiers initiateurs aux choses de l'intelligence et de la morale, gens d'ailleurs faciles à contenter, dociles et même timides, on a tout à coup songé à l'application des fameux décrets... sans s'inquiéter d'ailleurs des moyens. Avait-on sous la main un personnel nouveau à substituer à l'ancien? On l'ignorait, mais on ordonna partout l'expulsion des maîtres qui portaient l'habit religieux. En fermant aux frères les écoles communales, on ne pouvait les empêcher de créer des écoles libres, et, par contre-coup, les établissements secondaires congréganistes, les plus dangereux comme influence, ont gagné au delà de ce qu'avaient perdu les établissements primaires, sans rayonnement extra-scolaire.

Je ne suis pas suspect d'opinions cléricales. Mais je déteste avant tout les mensonges et l'hypocrisie du sectarisme. Je reste indigné, devant les manœuvres d'un tas de soi-disant faiseurs de lois, qui ruinent leur pays, compromettent jusqu'à son existence, pour la satisfaction d'intérêts de partis, abandonnent tous les premiers, comme en se riant, le mal une fois accompli, les tentatives jetées en appât à la tourbe des électeurs naïfs et imbéciles. Que l'on mît un frein à la très dangereuse propagande des instituts jésuitiques, l'on avait raison de le faire. Mais que, sous ce prétexte, on bouleversât l'enseignement, on le rendît même odieux à une bonne partie de la population, l'on n'avait pas le droit de commettre une pareille action. Une loi mal conçue a été lâchement exécutée vis-à-vis des seuls ennemis qui la rendissent excusable, ou elle est contournée par eux (les jésuites ont chez nous des externats à peine dissimulés et à l'étranger des internats, d'où continuent à sortir maints jeunes gens, toujours prêts à combattre pour le pire cléricalisme et qui trouvent appui auprès des puissants, à côté des favoris du maçonnisme, ce jésuitisme au petit tablier). Mais, en revanche, on a poursuivi des pères de famille au nom de la liberté de conscience, que l'on violait, et l'on n'a pas donné au peuple les trésors d'instruction qu'on lui promettait. Dans la ville que j'habite, ville où fleurit l'opportunisme, je vois grouiller, misérables et vagabonds, vicieux, graines de prison, beaucoup d'enfants qui autrefois eussent fréquenté l'école, qu'on ne ramasse point pour les établissements laïques, faute d'argent pour remplir des obligations créées à la légère, mais qu'on a enlevés aux congréganistes, en défendant à ceux-ci d'accorder aux plus pauvres une gratuité, trop propre à assurer leur prépondérance. Aux colonies, les conséquences seront plus graves : ou la majorité des enfants de couleur sera privée d'instruction, ou l'on abandonnera l'enfance à la direction de ridicules pédagogues, parfois doublés d'odieux attiseurs des haines de race, et les fruits de cette instruction prétendue républicaine ne tarderont pas à mûrir... non à l'honneur et au profit de la République.

Des établissements congréganistes secondaires, j'aurais moins de bien à dire. Dans ces établissements, ordinairement dirigés par les maristes, l'instruction, ménagée aux privilégiés des classes aisées, ne s'élève pas au delà d'une moyenne honnêtement médiocre, et la moralité ne vaut guère mieux qu'ailleurs (vers quatorze ou quinze ans, le jeune créole, quels que soient les bancs qu'il fréquente, pose déjà pour l'homme à galante fortune et vient de temps en temps confier aux médecins de la marine les mésaventures de sa première émancipation). En outre, si les lycées pèchent par l'exemple des maîtres, en abritant les prétentions trop exclusives des gens de couleur, les collèges congréganistes inclineraient vers le défaut contraire, en ne dissimulant pas assez leurs sympathies pour l'aristocratie blanche ou ceux de la couleur qui s'en rapprochent le plus par la teinte, la fortune ou les intérêts.

C'est à l'âge où l'enfant commence à montrer les premières tendances qui deviendront plus tard le caractère, qu'il importe de redresser avec le plus de vigueur et de persévérance les déviations particulières à l'individu, à la race et au milieu social. Les écarts sont faibles et de correction facile dans les écoles primaires. Ils sont plus accentués et déjà d'amendement plus difficile, dans les établissements secondaires, où l'enfant se transforme en adolescent. Les lycées ont le tort de se désintéresser trop complètement du système éducatif, ou de le limiter à une pseudo-discipline... démocratique, qui n'engendre que le laisser-aller chez l'élève. Les collèges cléricaux, qui recrutent leur clientèle dans les classes aisées, procèdent d'autre manière ; l'on y bat un peu monnaie en entretenant la vanité des familles, et en la dirigeant dans une voie qui n'a rien de libéral.

Voilà ce qu'on doit redouter, dans l'enseignement congréganiste et, aux colonies, le reproche que je lui adresse vise surtout les grands établissements de filles, somptueusement administrés par des Sœurs de divers ordres. Dans un de ces établissements, où l'on refusait du conseil général une subvention de 25,000 francs, plutôt que de consentir à recevoir quelques enfants naturelles, adoptées par d'honnêtes familles de couleur, on mettait un jour en présence deux jeunes filles : l'une, de caractère très doux, laborieuse et intelligente, qui venait de perdre son père, officier sans fortune ; l'autre altière, paresseuse, sans aptitudes comme sans bonne volonté, appartenant à une famille de très riches usiniers. A la première, la maîtresse répétait qu'elle serait obligée de travailler ferme pour vivre, et elle ajoutait, en se tournant vers la seconde : « Ce n'est pas comme vous, Mad*é*moiselle, vous êtes riche, vous êtes destinée à briller dans le monde et à commander, vous en saurez toujours assez. » Et les propos de ce genre attiraient les cadeaux sur la communauté. Ces dames, tant célébrées pour leur humilité et leur désintéressement, ne manquent aucune occasion de faire rendre profits à un sentiment d'orgueil qu'elles connaissent à merveille et caressent avec habileté, mais cynisme. Pas de fête qui ne deviennent pour elles un événement fertile en dons. Est-ce bien là qu'il faut chercher l'amélioration féminine et les partisans de pareilles maisons sont-ils bien venus à tonner contre les lycées de jeunes filles ?

*
* *

Mais, qu'il provienne d'une école congréganiste ou d'une école laïque, le créole adulte apparaît presque toujours identique. Ce qui prouverait que les deux systèmes d'instruction se valent dans le milieu, et sont également incapables de modifier l'esprit des races en présence. Les sujets d'élite qu'on rencontre dans nos colonies ont pour la plupart bénéficié d'une éducation métropolitaine. Je ne prétends pas que tous les créoles, non sortis de chez eux, soient gens ignares ou médiocres : j'en pourrais citer beaucoup qui remplissent avec distinction les fonctions les plus élevées dans la magistrature et l'administration, ou qui ont acquis des situations fort enviables dans le commerce et l'industrie. Mais la moyenne, avec la meilleure instruction reçue dans le pays, conserve une morgue, une suffisance, que viennent encore accroître des titres trop aisément conférés.

Ces titres, délivrés par des jurys locaux et qui ont la même valeur... extrinsèque que leurs équivalents, obtenus à grand'peine dans nos facultés, sont fréquemment le masque de l'ignorance. Il y a vingt-cinq ans, à la Martinique, j'ai écouté l'hilariant récit d'un médecin, désigné pour remplir les fonctions d'examinateur de grec, dans une session de baccalauréat ; le cher confrère avait été surpris... au débotté, on lui avait désigné un lot de livres sur une table, et il avait choisi la *vie d'Alexandre* (Plutarque), pour soumettre ses candidats à l'épreuve ; il trouva toutes les réponses excellentes et ne s'aperçut qu'à la fin de la séance qu'il avait tenu son exemplaire à l'envers. Les lauréats pouvaient prétendre à une aussi profonde érudition hellénique que le maître improvisé. Depuis, les jurys sont mieux composés, mais non pas moins indulgents. Quant aux examens d'ordre supérieur ou pratique, ils sont tout simplement grotesques, le plus ordinairement. Qu'on en juge par ces échos d'un récent examen de candidats aux brevets d'officier de santé et de pharmacien civil :

« Qu'est-ce que l'œil ? — Une petite chose pour voir. »

« D'où tirez-vous l'alcool ? — Du vin. — Et encore ? La canne à sucre n'en fournit-elle point ? — (avec un sourire de haute suffisance) Oh ! non, monsieur, la canne ne fournit que du tafia. »

« Lorsqu'on met en présence un corps chaud et un corps froid, que se passe-t-il ? — Un degré. »

« Pour purifier du soufre, comment vous y prendrez-vous ? — Je l'enverrai à Marseille. »

Et le lendemain, les diplomés du cru se croiront les égaux des diplomés de France, sinon leurs supérieurs [1].

On ne s'étonnera pas, après une telle diffu-

---

[1] Quand, par hasard, ces brillants examens sont couronnés d'un ajournement, il y a des candidats qui trouvent le moyen de transformer leur insuccès en affaire politique, réclament même la suppression des examens, comme *attentatoires à la liberté des citoyens.*

sion de lumières, du développement de la crédulité et de la superstition dans les pays créoles.

*
* *

L'on est religieux, aux colonies, en ce sens qu'on fréquente avec assez d'assiduité les églises, qu'on aime les cérémonies du culte et le déploiement des processions. L'homme de couleur, alors même qu'il s'abstient et se pose en esprit fort, est tolérant et respectueux vis-à-vis des démonstrations d'autrui ; sous ce rapport, on peut dire que les colonies donnent, à certains jours, des leçons de sociabilité aux Européens, encore tout remués au souvenir des luttes entre les municipalités et les fabriques dans les grandes villes métropolitaines.

Mais la *superstition* n'y perd rien.

Il semble que nos pays créoles soient demeurés les foyers conservateurs des vieilles traditions du surnaturalisme. Là revivent, dans un curieux et bizarre mélange, toutes les superstitions que les Européens rencontrèrent chez les premiers habitants ; celles qu'ils apportèrent eux-mêmes, dans un siècle où florissaient, en France et en Italie, l'astrologie et la science cabalistique ; celles enfin que ne purent dépouiller les pauvres noirs africains, hantés, sous le joug de l'esclavage, par le souvenir des génies de leurs solitudes et de la puissance de leurs sorciers-féticheurs.

La crédulité est grande, dans le domaine de la médecine! On n'a point encore partout de somnambules lucides et extra-lucides, ou du moins ces sujets sont rares. Mais on a des *médecins-magnétisses*, qui, au simple attouchement, au simple coup d'œil, guérissent les maladies les plus invétérées... et jusqu'aux entorses, chez leurs confrères diplômés (j'en connais un drôlatique exemple!) De vieux nègres entremêlent les *secrets* des plantes aux *secrets* de la magie, délivrent des *ordonnances* avec maintes simagrées dévotes ou mystérieuses, captivent la confiance à force d'effronterie... ou l'imposent par la conviction qu'ils ont eux-mêmes de leur pouvoir!

Voici une *prescription* trouvée au chevet d'un malade, qui se faisait simultanément traiter par un médecin... pour le monde, et par un *guérisseur*, pour sa propre satisfaction.

INSTRUCTION A SUIVRE DURANT LE TRAITEMENT

Vous prendrez un bain chaque soir, bain domestique émollient ou ordinaire, comme il vous plaira, y versant chaque fois une bouteille des dix bains, comme suit. Y restant une demi-heure, y sortant essuyez-vous séchement, puis faites-vous frictionner tiède avec la dite friction, les membres, ce qui s'entend bras et jambes.

Matin, midi et soir, prenez un verre ordinaire à liqueur

de la liqueur, en commençant par le n° 1, sans jamais entamer deux bouteilles à la fois ; et dans le courant de la journée, prenez de la tisane préparée à l'eau fraîche, préparée depuis la veille, en mettant trois morceaux de cette racine, contenue dans le papier, et légèrement adoucie avec du miel.

Revenons aux bains déjà cités plus haut.

1er BAIN, DITES : Au nom du père, créateur de toutes choses.

2e — Au nom du Fils, rédempteur des hommes.

3e — Au nom du Saint-Esprit, médiateur entre Dieu et les hommes.

4e — Au nom de la très sainte Vierge Marie, médiatrice entre Dieu et les hommes.

5e — Mon bon Patron, protégez-moi et me délivrez de tous maux.

6e — Mon bon ange gardien, soyez toujours à ma droite.

7e — Les âmes du Purgatoire les plus délaissées, priez pour moi.

8e — Mon Dieu, mon Dieu, pardonnez à mes ennemis, s'il vous plaît, et faites-leur miséricorde, parce qu'ils ne savent pas ce qu'ils font.

NOTA. — Il est urgent de se laver la tête, la poitrine et les bras, avant que rentrer dans le bain, il faut aussi fortement secouer la friction avant que de vous en servir.

On admet l'influence de certains hommes, qui, liés par un pacte avec le mauvais esprit, peuvent à volonté jeter sur le commun des mortels le bonheur ou le malheur. Ces privilégiés sont presque toujours des nègres ou des négreses plus ou moins misérables, plus ou moins cassés par l'âge, d'une audace cynique, mais quelquefois aussi persuadés de la réalité des effets qu'ils promettent d'accomplir. On les appelle des *obis* ou *sorciers* et le commerce qu'ils font des *piaïs* ou *quienbois* leur assure de beaux profits. Ricord-Madiana a tracé une intéressante esquisse de leurs habitudes et de leurs prouesses, dans ses mémoires sur la Toxicologie des Antilles. Je n'ai qu'à lui emprunter quelques faits, à rapporter quelques observations plus récentes, pour donner la mesure des pratiques de la sorcellerie créole.

Le *quienbois* ou *quimbois* s'entend d'un *sort* jeté sur une personne, d'une faculté surnaturelle ou anormale acquise grâce à certaines conjurations ou à la possession de certains objets. Le *piaï* s'entend des résultats qu'on obtient avec une drogue, une matière délivrée par le sorcier ou préparée par soi-même, suivant des conditions précises, mais qui doit être ingérée. Les expressions s'appliquent surtout aux choses qui procurent les effets désirés. Le quienbois agit plutôt par une sorte de rayonnement occulte, le piaï plutôt par une sorte d'impression interne; mais, en somme, on confond ordinairement l'un avec l'autre.

Beaucoup de formules en vogue n'ont pas d'autres sources que ces ineptes petits livres de colportage, intitulés : *le Grand Albert, le Petit Albert, le Dragon rouge, la Poule noire*, etc.

Il y en a pour tous les besoins et tous les désirs à contenter !

Veut-on se débarrasser d'un gêneur, d'un ennemi dont on redoute la vengeance ou les coups, d'un rival trop heureux auprès d'une femme que l'on convoite, d'un mari trop peu tolérant, etc., les moyens ne manquent pas.

Le quimboiseur peut à volonté vous délivrer un charme pour enlever à la personne détestée l'intelligence, la vigueur physique ou même la vie. Jadis, à ce qu'on raconte, il fournissait aussi fréquemment du poison que des matières par elles-mêmes inoffensives ; mais aujourd'hui, il estime plus prudent et tout aussi lucratif de s'en tenir à ces dernières. Il vend des poudres qu'on jette dans les aliments ou les boissons de la victime désignée : la mort doit la venir prendre lentement, sans qu'un indice révèle la main qui la guide ! Cela s'appelle *doser quelqu'un*. Par contre, le sorcier sait découvrir les maléfices et dériver leur action. Deux nègres étaient allés rendre visite à un ami dont la femme était malade. A peine entré, l'un d'eux se recule avec effroi : « Foute ! qu'a senti diable ! moi qu'a pas étonné femme-là si maigue et pis si malade. Yon le fait mal. Mais nous qu'a veni secouri et pis va trouvé piaï-là[1]. » Et de fureter dans tous les coins, au milieu d'un religieux silence. Tout à coup, le noir, qui a promis de découvrir le piaï, s'écrie : « Moé qu'a quimbé li[2] ! » Et il exhibe triomphalement un vieux cadenas rouillé, la *cause* du dépérissement de la malade !

Un mari soupçonne sa femme d'entretenir des relations coupables ; il demande à un sorcier le moyen de la rendre un peu moins légère : un coco et un morceau de plomb suffisent à la confection d'un piaï qui donnera meilleure pondération à la cervelle de la dame et rendra la tranquillité au ménage, après cette mirifique incantation :

Coco, vous êtes le corps de Pauline.
Plomb, vous êtes dans le corps de Pauline qui est le coco, pour le rendre lourd comme vous êtes lourd, pour le rendre si lourd enfin de l'opposer de bouger dans l'endroit où son corps qui est le coco sera déposé. Eau de carme vous rendrez le corps de Pauline aussi calme que vous et l'obliger à toute tranquilité. Beaume tranquille vous rendrez le corps de Pauline aussi tranquille que vous et la rendre exempt de toutes les tentations des hommes. Brise de maï, vous briserez toutes les mauvaises pensées que Pauline peut avoir, et vous tous le plomb, l'eau de carme, le beaume tranquillle et la brise de mai, vous l'apporterez qu'aux bonnes choses et au bien.

---

[1] « F..., ça sent le diable ! je ne suis pas étonné que cette femme soit si maigre et si malade. On lui a causé du mal. Mais nous sommes venus la secourir et nous allons trouver le piaï. »
[2] Je le tiens !

S'agit-il de retenir une maîtresse, un amant ? Voici bien d'autres piaïs. L'on a d'abord la *poudre à marer (à amarrer.)* Les pharmaciens, là-dessus, font une rude concurence aux sorciers, en débitant pour la faible somme de dix francs, à leur crédule clientèle, de petits paquets de poudre de lycopode, d'une valeur de dix centimes[1]. Leur poudre et celle des quimboiseurs se comportent merveilleusement. Quelques pincées, versée dans une bouteille de bière de *mabi*[2], inspireront l'amour le plus désordonné à la plus froide, l'attachement le plus irrésistible au plus dédaigneux, raviveront jusqu'à l'incandescence la passion presque éteinte. Mais si ce premier piaï échoue, l'on réussira certainement avec la poudre *de tête d'oiseau-mouche*, avec des *rognures d'ongles*, de la *raclure de l'épiderme de la plante des pieds*... J'en passe... et de plus forts !

Tel sorcier a le pouvoir de faire tomber la pluie là où il le commande (le Père Labat déclare gravement qu'il a été le témoin d'un pareil miracle... diabolique). Tel autre, qui autrefois eût vendu aux nègres des secrets pour échapper au fouet des économes, pour demeurer insensible

---

[1] Que ne vend-on pas dans les pharmacies créoles !
Il y en a (on me l'a affirmé) où l'on vend aux nègres une poudre pour dorer... ce que Lafontaine appelle un surplus donné par la nature et d'autres noms encore... !

[2] Boisson créole, composée avec l'écorce d'une rhamnée, le *Colubrina reclinata*, et des copeaux de gaïac.

aux tourments ordonnés par le maître (l'esclave croyait acquérir l'invulnérabilité, tout au moins l'indolorité, s'il parvenait à dissimuler, dans quelque endroit de son corps un fragment de tige de *Sou-marqué*[1]), compose aujourd'hui des piaïs *pour rendre invisible*. Ces piaïs sont très recherchés par les gens peu délicats, mais prudents, qui visent à surprendre les faveurs d'une belle récalcitrante, ou à s'approprier le bien d'autrui, sans avoir à craindre le bâton d'un jaloux ou d'un propriétaire, puis une intervention désagréable de la police et du parquet.

Hélas ! la superstition va plus loin !

Il y en a qui ne voleront pas, mais qui, pour devenir les possesseurs d'un *trésor* caché, tueront sans scrupule une personne indifférente afin d'emprunter à un être humain les ingrédients d'un piaï tout-puissant ![2]

Le *trésor* sans maître ! le trésor enfoui dans le sein de la terre, dans un lieu désert, sinistre ou riant ; caché sous les décombres de quelque masure abandonnée! C'est une obsession pour un grand nombre de créoles. Un habitant de la Guadeloupe écrivait en 1885, la lettre suivante au procureur de la République :

Monsieur le Procureur,

Depuis trois mois et en trois reprises différentes qu'une

---

[1] On prononce Soumaqué : C'est le *Cassia emarginata*.
[2] Voir mon livre : *Le Crime en pays créoles*, p. 205.

vision vienne m'interrompre dans mon sommeil pour me donner un argent, mais ni la première et la seconde fois je ne me m'occupai pas de cela. Quand une troisième fois elle est revenu me renouveler ma mémoire, en me prenant par la main et en me conduisant sur le lieu qu'elle m'avait déjà montré deux fois différentes et en me disant que je prendrai ce que je trouverai au tronc d'un arbre qui se trouve sur le lieu.

Alors le lendemain je me suis transporté sur le lieu pour voir si les choses qu'elle m'avait donné comme marques étaient véritables, quel fut mon étonnement en voyant textuellement ce qu'elle m'avait indiqué dans les trois reprises différentes, et j'ai même remarqué une trace comme si quelqu'un avait cherché.

Monsieur le Procureur, je viens à cet effet demander votre aide, comme chef de la justice, enfin que vous me délivrâtes un ordre pour qu'il n'y ait pas d'empêchement par quiconque, seulement vous aurez soin de m'indiquer les obligations que j'aurai à remplir au paravant de commencer le travail, mais je vous assure qu'il y a de l'argent dans l'endroit..... [1].

Actuellement, si la superstition ne perd guère de terrain, les gains des sorciers tendent à s'amoindrir. Leur science est comme vulgarisée et nombre de leurs *secrets* sont devenus ceux de tout le monde.

Personne n'ignore que l'urine, l'eau de toilette, la terre de cimetière, quand on les a répandues, la

---

[1] Nous avons aussi, en France, des chercheurs de trésors, mais qui ne vont pas jusqu'à l'emploi des moyens coupables parfois mis en œuvre aux colonies. On connaît l'aventure de Mme Cailhava, autorisée sottement à entreprendre des fouilles dans l'abbaye de Saint-Denis, et dont les héritiers ont tout récemment demandé à l'État une indemnité de 500.000 francs, pour l'obstacle apporté à la continuation des travaux.

nuit, devant la porte d'une case, attirent sur ses habitants une grêle d'ennuis et de calamités. Tout le monde sait aussi, qu'en brûlant des chandelles en l'honneur de quelques saints... ou de certains esprits vaguement entrevus par l'imagination, l'on s'assure à soi-même d'inappréciables faveurs et l'on procure à des voisins détestés les maux qu'on leur souhaite. Les filles en chômage allument des chandelles à la Vierge, pour trouver des amants généreux, et, chaque jour, d'autres chandelles brillent à méchantes intentions, provoquant les plaintes les plus bizarres devant les magistrats :

Monsieur le commissaire,

Permettez-moi de vous faire connaître la cause de ma fâcherie avec Mademoiselle A... C'est une fille qui était très-liée avec moi depuis son arrivée de... Elle m'a fait connaître qu'un certain Monsieur X... de son pays lui avait amener ici. C'est alors qu'elle m'a fait connaître ce monsieur ne voulait plus la soigner. Elle m'a demandée pour venir chez moi brûler quelques chandelles. J'ai accepté, mais dès que j'ai parlé de cela à une autre personne qui m'a dit que cet homme était marié, je lui ai dit de ne plus venir chez moi pour faire une telle chose.

Donc elle s'est trouvée bien piquée contre moi. Elle est partie en laissant chez (moi) une dernière chandelle que je vais vous apportée comme preuve de la vérité de ce que je vous raconte...

Comme j'ai rendu tant de service à cette personne, qui est aujourd'hui mon ennemie, je pense que vous me rendrais justice...

Quelques vieilles commères connaissent mieux que tout cela. Elles pratiquent l'*envoûtement*, mais un envoûtement simplifié et d'après un procédé bien local. L'anoli, ce petit lézard vert, si gracieux, si alerte, qui s'étale et court au soleil sur les arbres ou les savanes de nos colonies, remplace l'image de cire de nos aïeux ; on le ficelle dans des brimborions d'étoffe ou de papier qui doivent rappeler le costume de la victime et, sur ce représentant forcé de la personne offerte aux génies infernaux, on déclame les conjurations d'un rituel fantaisiste. Toutefois, ce nouveau chargé d'imprécations n'est point fatalement condamné à la mort, pas plus que la créature humaine dont il usurpe bien malgré lui la place. Il s'agit souvent de paralyser certaines volontés... c'est un mode inédit de suggestion mentale à longue distance. Deux négresses, à la suite d'une dispute accompagnée de coups de poings et de coups de dents, sont appelées devant le tribunal correctionnel. Pour prévenir les effets d'un réquisitoire qu'elle a de sérieux motifs de redouter, l'une des prévenues exécute un *grand jeu*. Quatre anolis, coiffés d'une petite toque de magistrat, sont renfermés dans une bouteille ; le plus gros a la gueule ficelée : c'est le procureur, qui ne pourra prendre la parole au moment psychologique, car *on a maré langue li*[1] ; trois

---

[1] On lui a amarré (paralysé) la langue.

chandelles allumées autour de la bouteille achèvent de donner à la conjuration une efficacité incontestable! Mais voilà qu'une des chandelles met le feu à un meuble et qu'un commencement d'incendie amène l'intervention de la police. La malheureuse sorcière est poursuivie et condamnée, non seulement pour coups et blessures, mais encore pour incendie dû à son imprudence. Elle courbe la tête, convaincue qu'un hasard fâcheux *a détruit son sort*.

On a aussi recours aux anolis pour un autre cas. Pour rendre inébranlable la fidélité d'un amant... ou d'une amante, on ficelle deux de ces petits animaux (quelquefois deux petites poupées) ventre à ventre, et on les plonge dans un liquide... inavouable. Cela s'appelle *amarer z'amis*.

Des négresses se mêlent de prédire l'avenir.

Celle qui fut l'impératrice Joséphine, venue de la Martinique en France, sans autre bien que sa beauté, heureuse plus tard d'avoir épousé le comte de Beauharnais, resta toujours convaincue qu'elle deviendrait une souveraine. Cette persuasion la soutint au milieu de terribles épreuves. Prisonnière à la prison des Carmes, aux derniers jours de la Terreur, avec plusieurs dames de la plus haute noblesse, elle osa rire, devant ses compagnes affolées, lorsqu'on les vint chercher pour les conduire à la Conciergerie, c'est-à-dire à la mort! Elle ne mourrait pas encore, déclarait-elle, car elle était destinée à un trône. « C'est

bien le moment de plaisanter, s'écria une duchesse; que ne nommez-vous votre maison ! »
— « C'est vrai ! vous serez ma première dame d'honneur. » La chute de Robespierre sauva les prisonnières et les événements confirmèrent les espérances de Joséphine. L'impératrice avoua qu'elle avait puisé sa confiance dans une prédiction que lui avait faite, en son enfance, une esclave de son père.

Pénétrons-nous plus avant dans le sanctuaire des choses mystérieuses ouvert aux initiés créoles dans les domaines extra-terrestres qu'ils prétendent connaître et parcourir? Nous rencontrons les *Volants* ou *Soucougnans*, qui ont le pouvoir de laisser leur peau, défroque inutile, mais animée et trompeuse, là où ils désirent qu'on les croie demeurer, et de se transporter la nuit, au travers des espaces immenses, rapides comme l'éclair, sous la forme de lueurs phosphorescentes ou d'êtres ailés. L'enfant d'un officier occasionna un soir grand tumulte dans un quartier de la Basse-Terre : il avait eu la singulière idée d'attacher une lanterne à la queue de son cerf-volant, et, à la vue de cette lumière oscillante, planant dans les airs, ce n'était partout que manifestations de surprise et de crainte. Un Soucougnan menaçait la ville ! car ces amis du diable ne peuvent avoir que de mauvais desseins. Terrible et fertile en désagréments est la réputation de Soucougnan, pour les personnes sur lesquelles elle tombe ; féroces sont parfois les vengeances que provoque une pareille injure : j'en ai rapporté ailleurs un épouvantable exemple [1].

Après leur mort, les sorciers *reviennent* sous diverses formes. Ce sont les *Zombis*. Il y a des hommes et des femmes zombis, des chiens, des chats, des lapins, des moutons zombis, etc. J'ai souvenir d'un certain *mouton blanc*, qui avait annoncé son arrivée prochaine à Fort-de-France, par un billet fiché sur une tige de bambou, et qui tint fort en haleine la population d'un bas quartier ; et aussi d'un curieux spectacle, dont je fus le témoin dans la même ville. Une après-midi que je traînais les ennuis d'une garde inoccupée jusqu'à la porte extérieure de l'hôpital militaire, je m'arrêtai tout à coup... ahuri : devant moi, criant et les yeux fixés sur le sommet d'un tamarinier, au feuillage immobilisé sous une atmosphère sans brise, une cinquantaine de négresses s'agitaient : un zombi était là ! Une femme l'avait aperçu, puis une autre, puis toutes, et elles n'en démordaient pas, malgré qu'elles fussent incapables de dire au juste sous quelle forme elles découvraient le revenant. Il existe un légende d'enfant zombi, qui cherche à pénétrer dans les maisons pour y jeter des sorts : elle a valu plus d'un coup brutal à de pauvres

---

[1] *Le Crime en pays créoles*, p. 58.

petits mendiants, arrêtés le soir à la porte d'une case.

Il y a aussi des *Vampires*, qui sucent le sang des personnes endormies et leur enlèvent leur esprit, déterrent les cadavres pour les dévorer ; des *loups-garous*, qui mangent les enfants et même les grandes personnes, et la terrible *Bête à madame Hubert*, de la famille des précédents, etc., etc.

Avec un tel fond de crédulité superstitieuse, on peut aisément se faire une idée de ce que doit être la religiosité dans les classes inférieures et entrevoir combien l'autel est une source d'exploitation facile et fructueuse. Cependant les saints semblent moins en crédit que le diable et ses acolytes. Aux premiers, on offre bien quelques cierges ; mais on s'adresse plus souvent aux seconds. On abandonne ses gros sous à ceux qu'on redoute, et l'on se montre plus économe envers ceux que l'on estime bienveillants par nature. C'est partout le propre du caractère humain d'être mieux dominé par la peur que par la reconnaissance. Mais les bons pères du temps passé ont laissé la semence de maintes croyances plus ou moins sacrées qui valent presque les plus profanes. Le jeudi saint, *on bat Judas*, en défonçant des futailles vides, par les rues. Le *samedi saint*, à l'heure du *retour des cloches*, on s'en va, nu, en bandes, se précipiter dans la mer pour se purifier des péchés commis durant l'année. Saint Michel est le patron d'une confrérie de femmes de couleur, aux professions très bigarrées, qui s'intitule la *Société des Silencieuses* : je n'ai jamais pu comprendre pourquoi, car rien n'est moins silencieux que la troupe quand elle se rend à l'église à la fête du patron, avant de se livrer au plaisir d'une bamboula échevelée ; c'est une houle tumultueuse de couleurs chatoyantes, un flot enrubanné, d'où émergent des bannières non moins resplendissantes que les costumes, et des cris, des chants baroques, devant la porte de chaque nouvelle recrue, presque aussi assourdissants que l'infernal tapage des jours d'élections. La dévotion au scapulaire est en honneur parmi ces dames : on porte avec componction le petit carré d'étoffe à la légende mystique, pendant les périodes de calme vertueux, toujours très éphémères, puis, quand le malin a remis l'amour en train, on va pieusement accrocher l'amulette derrière la porte d'une église : cela diminue la gravité des péchés que l'on va commettre !

Pour dire toute ma pensée, le clergé n'a pas seul contribué à développer la superstition dans nos colonies. Une large part revient, dans cette œuvre, à la propagande maçonnique. La franc-maçonnerie, institution hypocrite, dont l'esprit (à mon avis, antifrançais) est masqué sous des rites symboliques ridicules, entretient parmi les simples, à côté d'idées intolérantes, celles de la superstition judaïque. Elle abêtit et fanatise afin d'amener un docile troupeau de sectaires à la discrétion de coteries ambitieuses. Le nègre — dont elle flatte les vanités en le parant d'un tablier ou d'un cordon, en lui ouvrant les portes d'une hiérarchie spéciale (sans détruire pour lui la ligne de démarcation qui le sépare du blanc, car, à la Guadeloupe, chaque couleur avait sa loge il y a deux ans, et l'a peut-être encore : o comble de l'égalité, parmi les grands doctrinaires de la fraternité universelle !) — sort des réunions l'oreille toute remplie des noms d'Adonaï et de Lucifer : il retrouve ces noms dans ses grimoires plus ou moins cabalistiques, et il s'enfonce davantage en ses ineptes croyances.

Je n'en finirais pas si je racontais toutes les formes que revêtent la crédulité et la superstition ; si j'entamais, là-dessus, le chapitre de la médecine. A ce que j'ai dit précédemment sur ce sujet, je n'ajouterai que quelques lignes. Dans le domaine de la médecine occulte, le blanc n'a rien à reprocher au noir. Je causais un jour avec un blanc pourvu d'une bonne instruction ; il remarqua un coup d'œil étonné que je jetai sur son cou, et, détachant aussitôt un collier de corail rouge, il me le présenta en disant : « C'est cela que vous regardez ! C'est un excellent préservatif contre les attaques d'apoplexie et je ne le quitte pas ! » Survivance de l'ancienne doctrine des *Signatures :* l'objet couleur du sang doit protéger contre toute issue du sang hors de ses vaisseaux. Mais, pour rire de semblables choses, il n'est pas nécessaire d'aller aux colonies. Un maréchal de France se remit aux mains d'un zouave-guérisseur, en plein Paris impérial, et l'on ferait un gros livre avec toutes les recettes médicatrices abracadabrantes qui circulent encore dans nos villes et nos campagnes.

La crédulité créole repose sur l'ignorance et l'ignorance n'est pas l'apanage exclusif de ceux qui n'ont jamais recueilli les bienfaits de l'instruction officielle. L'une et l'autre existent aussi chez nous; mais j'estime qu'elles sont plus générales et plus profondément enracinées dans les populations coloniales que dans les populations rurales de la métropole. Elles trouvent un appoint dans l'indolence des races. Sous les tropiques, on vit de peu, on n'éprouve guère le besoin d'un perfectionnement à outrance, on s'attache aux vieilles choses et l'on demeure volontiers paresseux d'esprit comme de corps.

*
* *

J'ai commencé par montrer un revers de médaille.

J'ai maintenant à parler de l'autre face, qui est digne d'attirer sur nos créoles l'estime et souvent même l'admiration.

Le noir, avec une direction meilleure, pourrait devenir très différent de ce qu'il est. Je ne le crois pas doué, en général, d'aptitudes supérieures. Mais il est susceptible d'atteindre à un niveau moyen, adaptable aux exigences des collectivités les mieux organisées. Il serait injuste de nier qu'il apparaisse de-ci, de-là, dans sa race, plus d'un sujet remarquable, sous le rapport moral, comme sous le rapport intellectuel. Pendant la période révolutionnaire et à l'époque non moins troublée qui la suivit, nos colonies ont vu surgir des nègres au caractère le plus honorable : on peut opposer au mulâtre Delgrès, luttant avec fanatisme pour l'indépendance des hommes de couleur, qu'il croyait menacée, le noir Pélage, de simple soldat parvenu au grade de chef de brigade, type de modestie et d'obéissance militaire, d'abnégation poussée jusqu'au sacrifice à la discipline de l'amitié pour un ancien frère d'armes. Si l'on a rapporté avec trop de complaisance, sinon avec une exagération calculée, maintes horreurs commises sur leurs anciens maîtres, leurs femmes et leurs enfants, par des esclaves révoltés, on ne saurait taire, sans une coupable iniquité, les nombreux exemples de dévouement donné par ces mêmes parias. Combien de familles blanches n'ont dû la vie qu'aux efforts courageux de leurs domestiques noirs ! La conduite cruelle des colons envers leurs esclaves, si elle ne justifiait pas la vengeance de ces émancipés, imposait au moins quelque pudeur aux historiens qui ont pris la défense des forts contre les faibles. Mais l'esprit de caste a étouffé toute vérité, comme toute pitié. C'est avec indignation qu'il faut protester contre les allégations d'hommes cependant vertueux et intelligents, qui, à propos des événements de Saint-Domingue, ont voulu ravaler le nègre au-dessous de la brute. Des Lozières, par exemple, ose se plaindre, qu' « on a trop usé d'humanité, » qu'on a montré « un air de bonté qui n'a fait qu'enhardir l'insolence et la barbarie du nègre, *naturellement stupide*, » qu'on a eu le grand tort de sacrifier les intérêts des blancs en traitant avec les révoltés, « ce qui n'a servi qu'à faire mieux connaître l'insensibilité, l'ingratitude et la *véritable stupidité* du nègre. Il a cru qu'on le craignait; son orgueil et son audace se sont accrus, et, aveugle sur son impuissance naturelle, il a développé entièrement son caractère, il s'est persuadé que sa politique devait consister à devenir tout à fait le bourreau des blancs isolés. *Stupide dans toute la force du terme*, il n'a pas senti qu'il augmentait ses crimes et que, pour quelques blancs qu'il égorgeait, il en armait d'innombrables contre lui... *Féroce par caractère et lâche par principe*, il s'est plu à forger des tourments d'un nouveau genre et qui font frémir à rapporter, contre des blancs, qu'il avait la cruauté de lier et d'attacher de manière à ne rien craindre, tandis que son espèce nombreuse narguait les victimes qu'il égorgeait et souvent écorchait avec une lenteur raffinée... » Sans doute, de ces troupeaux de noirs, traités à la manière de bêtes de somme, des instincts de fauves ont jailli tout à coup et leur déchaînement a été terrible. Mais les colons avaient-ils le droit d'arracher les Africains à leur pays et sont-ils bien fondés à jeter le discrédit sur toute une race, parce qu'elle a produit des monstres... par représailles ? Toutes les foules, passant de l'oppression au triomphe, vomissent de leur sein des êtres qui s'abandonnent aux excès : ni les épouvantements de la Jacquerie, ni ceux de la Terreur, ni ceux de la Commune n'autorisent à dire que les Français sont indignes du nom d'hommes. Pourquoi les colons refuseraient-ils cette qualification à des nègres, après les massacres de Saint-Domingue, et quel nom mériteraient-ils eux-mêmes après les drames de l'esclavage (noir jeté vivant dans un four, sur l'ordre d'une douce créole, parce qu'il a mal réussi une pièce de pâtisserie ; noir dévoré vivant, par des chiens, sur une place publique, sous les yeux d'un beau monde réuni tout exprès pour jouir de cet amusant spectacle, etc.) ? Non, le nègre n'est pas plus dépourvu que les autres races des sentiments de bonté, de pitié et de charité. Il est plus timide qu'indifférent devant les souffrances qu'il remarque ; il n'ose toujours faire tout le bien qu'il désire, mais obéissant à son cœur, il n'a plus rien à lui. Il offre et donne simplement. Il s'attend à quelque retour, s'il est dans la peine : il n'est guère trompé quand il s'adresse aux siens; il l'est souvent, quand il frappe à la porte des blancs, Ni les dédains ni les rigueurs n'effacent complètement chez lui un certain fond de révérence qui semble l'attacher à l'aryen, comme à une créature supérieure. J'ai fait cette observation, à la côte occidentale d'Afrique, qu'on obtenait beaucoup des nègres, avec un peu de bienveillance et de justice : on se brise au contraire contre leur passivité, leur inertie voulue, quand on les traite à tort et à travers avec emportement et sévérité arbitraire. J'ai admiré, dans quelques familles créoles, la façon de servir de toutes jeunes négresses, vives, alertes, proprettes, travaillant le sourire aux lèvres, adroites à la couture et habiles à la cuisine : mais ces enfants n'étaient jamais brutalisées, jamais l'objet de criailleries désordonnées. Elles sentent qu'elles appartiennent à la maison et aiment leurs maîtresses; elles ne les quittent guère qu'à l'âge où les amours triomphent des autres attachements. Le noir est initiable aux professions libérales et mécaniques, industrielles et commerciales; il y déploie à défaut de qualités brillantes, de l'attention, de la persévérance et de l'honnêteté. Même dans le bas peuple, il est loin de se montrer un pauvre d'intelligence et d'esprit. Il a souvent la répartie très vive, quelquefois profonde sous une apparence de bonhomie naïve ; il revêt ses pensées d'un tour original, qui séduit autant qu'il étonne l'Européen encore non blasé ou énervé par le milieu. Du reste, la manière dont certains nègres se sont acquittés et s'acquittent encore des plus difficiles fonctions suffirait à démontrer combien fausses et ridicules sont les opinions trop exclusivement malveillantes envers la race. Toutefois, si l'on rencontre parmi eux des gens qui ont su profiter du haut enseignement, des sujets distingués dans les arts (particulièrement d'excellents musiciens) et aussi dans la littérature [1], il y en a peu qui touchent au talent, moins encore qui se soient élevés jusqu'aux choses du génie. Il serait facile de multiplier les exemples de nègres parvenus aux situations les plus honorables dans les carrières les plus diverses. Je sais que, dans les succès d'un grand nombre, qui, de nos jours, ont bénéficié du népotisme schœlchérien, l'intrigue a eu plus de part que le mérite. Mais il en est aussi plus d'un, qui, dans le présent et dans le passé, ont justifié leur fortune par leurs œuvres. Toussaint-Louverture a été un politique et un organisateur de premier ordre et l'histoire lui a dé-

---

[1] Voir le livre de l'évêque Grégoire, sur la *Littérature des nègres* (recherches sur leurs facultés intellectuelles, leurs qualités morales et leur littérature, suivies de notices sur la vie et les ouvrages des nègres qui se sont distingués dans les sciences, les lettres et les arts). Paris, 1808.

cerné des louanges, que les colons eux-mêmes avaient préparées à sa mémoire par leurs aveux spontanés [1].

Le noir est une sorte de philosophe sans le savoir. Quand il n'est point grisé par les vapeurs de l'ambition, il se laisse vivre, mollement, acceptant les choses comme elles viennent, content de peu. Avec quelques sous, il a de la morue, du manioc, des ignames et des bananes. Cela lui suffit, et, pour se procurer le gain nécessaire, il lui paraît inutile de suer sang et eau. S'il travaille davantage, c'est pour s'amasser le prix d'un vêtement de dimanche, et celui d'un fusil de chasse. Pourquoi faire un crime à cet heureux de la limitation de ses désirs et stigmatiser comme paresse ce qui n'est peut-être que sage recherche de la tranquillité? Le noir prend sa revanche des temps d'autrefois, et le rude labeur du sol lui fait peur, comme si, de chaque parcelle de terre remuée, il entendait sortir les voix dolentes de ses ancêtres. Il a la haine de la grande culture. Mais il n'est pas impossible qu'il soit peu à peu réconcilié avec le sol et amené à déployer plus d'activité, par le développement de la petite propriété. En devenant possesseur,

---

[1] Il est à remarquer que les Haïtiens, trop tôt privés de direction, n'ont pu arriver au but où les aurait peut-être entraînés cet homme éminent, s'il fût demeuré à leur tête. Ils sont restés presque des barbares et ils ne comprennent même pas la grandeur de leur héros; ils gardent leur plus grosse part d'admiration pour le misérable Dessalines, dont les bas instincts se maintinrent à l'unisson de ceux de la masse.

il connaîtra l'émulation, élargira le champ de ses besoins. Déjà il apprécie la vertu de prévoyance. Il commence à se rendre compte des avantages de l'épargne. Ces indices sont précieux à recueillir et ils montrent dans quelle voie une politique honnête doit diriger les populations d'outre-mer. Sans lui sacrifier la grande culture (qui sera tôt ou tard forcée de se transformer, mais qui ne saurait disparaître sans entraîner la ruine de nos vieilles colonies), une administration soucieuse de bien faire encouragera l'extension de la petite culture, si variée dans ses modes et ses éléments ; elle multipliera les caisses d'épargne, encore trop rares, s'appliquera à constituer une classe laborieuse et solide, analogue à celle de nos paysans français.

*
* *

Quant aux mulâtres, il y a longtemps qu'ils ont partie gagnée, auprès de l'opinion.

On peut faire des réserves sur leur sens politique, mais non sur la valeur propre des individualités dans leur classe. Des Lozières lui-même, l'ardent détracteur du nègre, reconnaît aux mulâtres toutes les qualités maîtresses dignes des hommes libres, il plaide à leur propos contre le *préjugé de la couleur* et accepte l'épithète de *protecteur des mulâtres*, presque avec orgueil.

Les métis de nos colonies ont certainement les aptitudes des blancs, avec une volonté tenace de les mettre en relief. Ce qui leur nuit, c'est la persistance de leurs jalousies. Il n'est pas vrai de dire que « les mauvais procédés et la persécution seuls les portent à s'unir aux nègres contre les blancs » (Boyer-Peyreleau), car aujourd'hui qu'ils ont partagé avec ceux-ci les droits et les honneurs, qu'ils ont même réussi à se substituer à leurs anciens dominateurs dans tous les hauts emplois, ils n'en continuent pas moins une guerre de caste. Avec le mépris du nègre, ils ont toujours la détestation du blanc, et ils ne pardonnent pas à celui-ci de conserver ce qu'il n'est pas en son pouvoir de céder sans se détruire, la pureté de sa couleur. Mais cette haine, qui n'est pas à dissimuler, est pour le mulâtre une force et comme un stimulant; elle décuple ses énergies et imprime plus de vigueur à ses qualités. Le mulâtre a toutes les ambitions ; il se plie à toutes les exigences qui les peuvent satisfaire. Il ne recule devant aucun labeur susceptible de l'élever et pour lui rien n'est acquis, s'il reste encore à acquérir. Aussi avec une capacité cérébrale, égale ou presque égale à celle du blanc et une puissance émulative souvent très supérieure, est-il arrrivé à conquérir partout les meilleures places. Dans la science, dans la littérature et dans les arts, dans l'administration et dans le métier militaire, les mulâtres comptent des hommes distingués ; par un contraste inattendu avec l'esprit général de leur classe, ils ont même fourni de vrais philanthropes, des hommes remplis d'abnégation et de désintéressement, des apôtres de civilisation ; mais ces spécimens sont des exceptions rares à l'égoïsme caractéristique des mixtes.

* * *

Une qualité commune à toutes les catégories de la population, c'est le courage, le courage militant. Il ne faut pas demander aux gens de couleur et aux blancs le courage patient et résigné : dans les situations qui exigent celui-ci, les créoles conviennent peu ; ils se soumettent, mais passivement, et ils ne sont d'aucune utilité. Je l'ai vu à la Vera-Cruz, où une compagnie de volontaires, levée aux Antilles et à laquelle on avait promis les hasards et les joies de la vie du soldat en campagne, ne tarda pas à s'étioler, à se fondre homme à homme, dans les garnisons du littoral, où on l'avait confinée, sous le prétexte de l'immunité contre la fièvre jaune. Mais la bravoure active, le mépris de la mort, les audaces où l'on risque tout pour la gloire, la seule satisfaction d'être loué, d'apparaître avec une certaine auréole parmi les siens, le créole possède tout cela au plus haut degré. Étonnants sont les exploits que les noirs antilliens accomplirent sous des hommes comme Victor Hugues, Delgrès, etc., et je n'oublierai jamais que mes premiers blessés ont été les valeureux sapeurs mineurs de la Martinique : ils venaient à peine de débarquer sur la côte mexicaine, au nombre de 150 à 200, noirs et mulâtres, sous le commandement d'un officier distingué, Maréchal, et ils étaient tranquilles, en leur campement de la Tejeria, lorsqu'ils furent assaillis de nuit par des bandes de fantassins et de cavaliers ; ils étaient séparés de leurs officiers, ils recevaient le baptême du feu : ils n'eurent pas un instant de défaillance et ils obtinrent un brillant succès. A cette époque, d'autres créoles, blancs et métis, se signalaient dans les rangs de l'infanterie de marine et l'un d'eux commençait une carrière aujourd'hui à l'apogée des honneurs militaires. Un peu plus tard, un petit noir, à peine âgé d'une douzaine d'années, recueilli par l'état-major de la *Tisiphone*, à l'escale de Fort-de-France, accomplissait un fait d'armes retentissant, c'était au Rio-Grande. Sur un ferry-boat affrété à la hâte, un officier d'élite, alors simple enseigne de vaisseau, M. de la Bédollière, conduisait un secours... tout moral de vingt-cinq matelots-fusiliers au général Méjia, assiégé dans Matamoros. Trois fois la faible troupe eut à se défendre contre des chalands bondés de guerilleros et trois fois elle les obligea à la fuite. Pendant ces combats, l'enfant, juché sur la cheminée du vapeur, à cheval sur les chaînettes qui la soutenaient, son mousqueton de mousse à la main, donna l'exemple du plus hardi courage. Il reçut la médaille militaire et l'Impératrice essaya de le faire instruire pour lui ouvrir les portes de l'Ecole navale. Mais l'enfant ne voulut devenir qu'un matelot. Vienne la terrible guerre franco-allemande ! Les créoles sont nombreux dans les héroïques régiments de la marine et c'est l'un d'eux qui commande à Bazeilles. La période des guerres a subi un arrêt pour les Antilliens : elle recommence pour les créoles de la Réunion, avec l'expédition de Madagascar ; leurs volontaires prennent part à la lutte contre les Hovas et rendent plus facile notre occupation, grâce à leur assuétude contre les influences d'un climat meurtrier.

« Tout colon, dit un écrivain de la fin du dernier siècle, est militaire de fait et il naît avec les principes de la valeur. Son courage est de tous les instants dans les contrées où les localités produisent souvent des volcans politiques, et les habitants réunis sont souvent plus redoutables pour les insurgés que les troupes qui viennent d'Europe. » Espérons que les créoles n'auront plus à déployer leur antique valeur les uns contre les autres, mais qu'ils garderont toujours intacte sa tradition, pour se montrer dignes de leurs pères, le jour où leur indépendance serait menacée, où l'ennemi viendrait insulter chez eux le drapeau aux trois couleurs, enhardi par l'insuffisance des garnisons régulières. La métropole se repose évidemment sur cette vaillance créole ; car elle réduit de plus en plus le nombre de ses soldats à la Martinique, à la Guadeloupe, à la Guyane et à la Réunion. Au moins devrait-elle songer à donner à leurs populations l'organisation sans laquelle aucune force ne résiste aux armées modernes[1].

Il y a, dans la bravoure créole, quelque chose du chevaleresque des vieux temps.

On le voit bien dans la manie du duel. C'est là sans doute une habitude féroce et qui traduit, chez beaucoup d'hommes, les plus détestables instincts. Mais souvent aussi, quand elle se manifeste à propos des choses les plus futiles, parmi des jeunes gens aux allures douces et indolentes, sans colère avant le combat, sans rancune ou exaltation après la rencontre, elle est l'indice d'un dédain de la vie, toujours digne de quelque admiration, alors même qu'on l'estime regrettable. En 1740, par une belle soirée, une douzaine de jeunes gens se promenaient, riant et devisant. « C'est dommage, dit un des promeneurs, que nous n'ayons pas de femmes, nous danserions ! Que diable allons-nous faire pour

---

[1] Encore un voile à déchirer ! Le sous-département des colonies affiche bien haut sa confiance en la fidélité des noirs et des mulâtres, déclare que l'ère des discussions et des luttes engendrées par le préjugé de la couleur est à tout jamais close. S'il en est convaincu, pourquoi retarde-t-il indéfiniment la création de l'armée coloniale ? (Voir le chap. IV.)

nous amuser pendant un si beau temps ? — Parbleu ! répond un autre, vous êtes bien embarrassés ! Battons-nous, le temps s'écoulera vite ! » Cette crânerie soulève l'enthousiasme et les épées sortent des fourreaux ; au premier sang qui s'écoule, le combat cesse et l'on rougit d'une telle extravagance. Mais on a montré que l'on n'avait pas peur et l'on s'en retourne joyeux. Le duel n'est plus aujourd'hui ni aussi fréquent ni aussi sauvage qu'il l'était jadis. Il met toujours en lumière la qualité maîtresse du créole, de quelque couleur qu'il soit, le courage soutenu par l'amour-propre. Les duels ont de nombreux témoins et la moindre faiblesse entraînerait une honte irréparable. Je n'ai jamais entendu parler d'une défaillance quelconque dans une rencontre entre créoles.

*
* *

Il est un terrain sur lequel le créole blanc semble avoir acquis un tout autre genre de courage. A côté de cette bravoure qui bouillonne, s'exalte au bruit, grandit sous l'idée émulative ou vaniteuse (car il importe de tenir compte de ce facteur même dans le développement des qualités créoles), le blanc possède aujourd'hui le courage froid, persévérant, obscur du travail obstiné pour la lutte de l'existence. Depuis l'émancipation, les habitations sucrières ont subi une dépréciation toujours croissante, faute de bras suffisants pour la grande culture. Les planteurs ont été absorbés dans la puissante corporation des usiniers. Ceux-ci ont multiplié les efforts pour soutenir la concurrence contre la betterave et les sucres étrangers ; ils n'ont reculé devant aucun sacrifice pour vaincre ou seulement pour obtenir un partage rémunérateur sur les marchés. A leur tour, ils ont été atteints. Habitations et usines ont sombré ; les écroulements de fortunes continuent, tout s'engloutit dans le goufre du Crédit foncier. Le créole blanc voit ce goufre sans cesse béant et prêt à le dévorer ; il ne découvre nulle part de l'encouragement et bien au contraire il n'aperçoit autour de lui que menaces sinistres. Il ne s'arrête pas ! Il lutte avec énergie, intelligence, appelant à son aide le secours de la science. Il luttera jusqu'au bout sans désespérance. Je ne vois rien de plus admirable que cette constance, non dérivée de la routine, mais au contraire, cherchant un appui dans toutes les ressources de l'industrie. Ce combat est, à mon avis, le plus bel éloge que l'on puisse faire du créole blanc, la plus éclatante démonstration de la vitalité de sa race... comme aussi de l'ineptie politique qui conduit à la sacrifier à des éléments de moindre valeur sociologique.

*
* *

Un autre mérite de nos populations coloniales,

c'est l'habitude de la *tenue*. Du plus mince personnage au plus gros, tout le monde tient au *décorum* et garde au moins l'extérieur de la *Respectabilité*. Cela existait même au temps de l'esclavage et du régime des castes. Des Lozières fait à ce propos une remarque, qui reste applicable aux milieux actuels : « Le bas peuple des colonies est composé de quelques petits blancs, tout à fait sans éducation, et surtout de ce qu'on appelle *fatras-nègres* et *fatras-mulâtres*. Mais il ne faut pas croire que cette populace ressemble à ce qu'on entend en Europe par *lie du peuple*. Le bas peuple des colonies est bien habillé ordinairement, et il n'a pas de manière aussi grossières que la vraie populace d'Europe. C'est par comparaison aux autres habitants qu'on les appelle ainsi, et, en Europe, ils ne seraient sûrement pas de la dernière classe. Les colonies sont les pays les plus propres à façonner les hommes. Ils faut peu d'années même pour changer un personnage fort grossier en un *monsieur* passable. »

*
* *

On doit encore louer, chez les créoles, malgré les conséquences désagréables qu'elle a souvent pour le métropolitain, la solidarité qu'ils savent garder entre eux. Dans leur pays comme hors de leur pays, ils serrent leurs coudes, se prêtent un soutien mutuel, et oublient même, dans cet esprit, jusqu'au préjugé de la couleur. Au sein des familles, la solidarité engendre des miracles de dévouement. Mais elle franchit cet étroit domaine et s'étend à tous les membres de la même communauté locale, prévenant et dissipant les misères. Grâce à elle, on peut dire qu'il n'y a point de pauvres, de gens absolument dénués du nécessaire, dans nos colonies.

*
* *

Voilà, dans leur ensemble, les traits qui caractérisent la physionomie créole. Mais il y a des variantes. Nos colonies n'ont pas traversé de la même manière l'épreuve de la période révolutionnaire et celle de l'affranchisement définitif des esclaves; elles n'ont pas des intérêts exactement similaires, ni la même aptitude à l'assimilation métropolitaine. Le créole de la Réunion est peut-être celui dont les habitudes se rapprochent le plus des nôtres; il est généralement instruit, habile en ses intrigues. Le créole martiniquais est le plus remuant : il est actif, énergique, et c'est par lui que la Guyane se soutient, depuis le reflux de sa population vers les mines de l'intérieur ; c'est aussi celui qui me paraît susceptible des plus grands écarts... vis-à-vis de la mère-patrie, et qui conserve le plus vivaces les rancunes et les haines du préjugé de la couleur. A la

Guadeloupe, on retrouve bien des tendances analogues, mais elles demeurent plus sourdes : la terrible main de Victor Hugues a pesé sur la population, et ce qu'elle a épargné n'a pas échappé à l'énervement de l'administration d'un Lacrosse et de quelques autres gouverneurs aussi maladroits ; chez le blanc, comme chez le mulâtre, on ne retrouve pas la même ardeur qu'à la Martinique, et le nègre lui-même semble plus apathique et moins producteur.

CHAPITRE III

LES MŒURS PRIVÉES

La vie créole d'autrefois, concentrée toute entière, pour l'observateur européen, dans les familles blanches, était heureuse et calme, très simple en son intimité, même au milieu du faste que déployaient les plus riches. La politesse dans les relations entre personnes de même couleur, la cordialité envers les hôtes, la plus généreuse confiance envers les amis, voilà ce qui la caractérisait, avec une remarquable activité chez les hommes, une aisance enchanteresse et une vertu sans pruderie chez les femmes. On se mariait jeune, et, comme les relations étaient fréquentes entre les familles, comme celles-ci se connaissaient de longue date, comme enfin une grande liberté y était laissée aux enfants, les unions étaient réglées d'après l'inclination mutuelle, dans un monde où la pureté du sang originel était l'apanage le plus apprécié. La femme était le centre et l'attraction de cette vie. De bonne heure elle adoucit les mœurs brutales des premiers colons et, plus tard, elle donna aux îles leur plus énivrante séduction. Elles n'étaient pas des oisives, ces compagnes des vigoureux hommes, qui, soldats et défricheurs, firent la fortune de nos plus beaux établissements coloniaux, à l'époque de la monarchie. « Occupées des soins pénibles de leurs ménages, elles ne pensaient même pas aux attraits dont elles sont si abondamment pourvues, écrivait des Lozières ; attachées uniquement à leurs maris, qui les aiment avec douceur, avec politesse et considération, tout plaisir qui n'est pas avoué de la loi et de la religion ne pouvait leur inspirer le moindre désir. Les filles, accoutumées dès leur bas âge aux travaux de leur sexe et aux mœurs de leurs mères, ne songeaient même pas à ces nœuds légers du libertinage que la mode justifie, et elles attendaient, au milieu d'occupations utiles, que leurs parents disposassent d'elles. Sans malice et sans honte, puisqu'elles ne faisaient rien qui pût réellement les faire rougir, elles agissaient toutes avec l'assurance que donne la naïveté qui ne pense point au mal ; et, les jours de fête, elles s'amusaient avec une gaîté aimable, qui n'est pas la joie de celles qui ont des reproches au fond du cœur. Les garçons et les filles étaient pêle-mêle sous les yeux des pères et des mères, et l'opinion était telle, qu'on les eût laissés seuls, qu'ils eussent été longtemps sans se permettre les libertés les moins blâmables... »

Cependant, Parny nous dévoile d'autres côtés moins favorables. Il nous montre les ménages créoles de son temps divisés ou agités par les jalousies secrètes, « sans que la foi conjugale en fût mieux gardée de part et d'autre » ; des rivalités se dressent entre les femmes et déjà le conventionnel gâte les franches et bonnes allures : « Nos dames se voient peu entre elles ; on ne sort que pour les visites indispensables, car l'étiquette est ici régulièrement respectée ; nous commençons à avoir une cérémonie, une mode, un ton. »

La fortune qui permettait de soutenir ce *ton* s'est dissipée : l'ostentation est demeurée ; la vie des familles est devenue plus fermée, sans reprendre son antique simplicité ; on cache la ruine et les défaillances sous la morgue, et le besoin bat en brèche une vertu qui, trop fréquemment, ne cherche plus à se défendre. Comment cela s'est-il fait ? Il serait long et difficile de le dire ; mais on ne saurait nier que les créoles blancs n'aient beaucoup perdu de la moralité de leurs ancêtres.

Toutefois, il ne faudrait pas interpréter à mal certaines coutumes qui choquent, à première vue, l'Européen, et qui, à un examen plus réfléchi, lui apparaissent au contraire comme les précieux vestiges d'une naïveté charmante. Autrefois, la créole, vivant au milieu d'esclaves, s'était habituée à leur nudité et elle n'en était pas plus offusquée que de celle d'un animal ; sa pudeur s'était fortifiée à des spectacles, qui nous sembleraient risqués, sinon obscènes, et elle n'avait pas de ces effarouchements qu'eussent affichés, en sa place, maintes Françaises de médiocre vertu. Elle a gardé, dans son commerce avec les sujets de l'autre sexe, une liberté relative, qu'il serait injuste de critiquer à priori très sévèrement. Par exemple, entre personnes de relations intimes, on organisera des *partie de rivière*, où garçons et filles, légèrement vêtus, prendront plaisir à s'ébattre, toute une journée, dans l'onde rafraîchissante et sur les bords ombragés d'un torrent ; on se mêle, on se touche ; on n'engendre point pour cela d'idées vicieuses, comme il en naîtrait probablement dans l'esprit d'un Européen, soumis à pareille épreuve [1] !

Mais l'homme, auprès des mulâtresses faciles,

---

[1] M. de Beauvallon, dans un livre qui est une peinture fort exacte des mœurs créoles de bon milieu (*Hier, Aujourd'hui, Demain*, 1885), a très joliment esquissé une de ces parties. L'on est au *Saut de la Lézarde*, non loin de la Pointe-à-Pitre, au bord d'un bassin naturel creusé dans les rochers... Les jeunes gens sont déjà folâtrant dans l'onde. « Tandis que les dames se déshabillaient dans le cabinet de verdure qu'on avait taillé pour elles au milieu d'un bosquet de pommes-roses, les domestiques retiraient des paniers, avec tout un attirail d'argenterie, les mets et les vins les plus fins, qu'on dressait sur de larges feuilles, en guise de nappe. Il va sans dire qu'on n'avait pas oublié le *calalou fumant* (soupe créole), le riz bouilli et la morue grillée, sans lesquels il n'y a pas de bonne partie de rivière. Le tout fut disposé au bord du bassin, de façon qu'on pût manger dans l'eau... Le bain et le repas se prenaient en même temps, au milieu de la plus franche gaîté... »

a pris peu à peu, sans trop s'en apercevoir, des goûts qui ont fini par avoir une sorte de répercussion sur les mœurs de la femme blanche, à son grand detriment.

Puis de part et d'autre, l'existence moins active, plus gênée, a diminué l'énergie du caractère ; l'insouciance s'est doublée d'un fâcheux découragement et les sollicitations malsaines ont ouvert le chemin à la corruption.

On se marie moins et les unions sont moins solides, malgré qu'on n'entend guère parler d'adultères et de séparations.

Il n'y a plus de planteurs assez riches ni de fortune assez indépendante, pour continuer les traditions du temps passé. Les derniers débris de l'aristocratie créole, s'ils ont échappé au naufrage, c'est-à-dire aux griffes du Crédit foncier, ont quitté les colonies, ou ils y luttent péniblement, cultivateurs aux gages des usiniers, usiniers eux-mêmes, en perpétuelle menace de débâcle et de ruine suprême. D'autres végètent, réfugiés dans quelque caféière isolée, demi-sauvages, pleins de rancunes et de mépris pour les hommes et les choses de l'époque actuelle, très fiers et presque arrogants dans leur pauvreté, toujours prêts à monter sur leurs ergots, quand on agite devant eux les questions brûlantes de la politique et de la couleur, hospitaliers et serviables autant qu'il est en leur pouvoir, intrépides chasseurs, gros buveurs de grogs au rhum, fort ignorants pour la plupart et d'une susceptibilité très chatouilleuse. C'est la gentilhommerie campagnarde. Elle compte plus d'une famille aux mœurs pures ; mais nombre de *Vieux Habitants* vivent en concubinage avec quelque négresse ou mulâtresse, produisant des enfants auxquels ils ne légueront que leurs habitudes antisociales.

Dans les villes et dans leur voisinage, c'est autre chose.

Industriel ou commerçant, le créole blanc, tracassé par le marasme des affaires, énervé par une politique qui l'annihile, inquiet de l'avenir, qui s'annonce pour lui de plus en plus sombre, cherche une distraction dans les cercles. La femme coule à la maison l'ennuyeuse existence d'une orientale : elle vit retirée, pianote et chante un peu, sans entrain et sans goût, reçoit quelques visites d'amies et attend six jours de la semaine, avec un désir nonchalant, l'échéance du dimanche. C'est le jour qui rompt la monotonie ordinaire, qui permet à la femme de revêtir ses plus beaux vêtements et ses bijoux, de régner par la prestance ou la parure ; le jour aussi qui donne à la jeune fille l'occasion de caresser plus ardemment son rêve, fixer les regards d'un émancipateur, un fonctionnaire ou un officier peut-être, avec lequel elle s'en ira en France, abandonnera pour quelque temps au moins sa morte patrie ! Il faut voir, au chef-lieu, comment disparaissent, à l'heure de la messe ou vers le soir, à l'heure de la promenade, le silence et la tristesse, comment les rues se remplissent de dames aux toilettes bigarrées, aux tournures gracieuses et élégantes, mêlées à des créatures noires, bariolées, cocasses en leur costume comme en leurs façons, et que l'on dirait échappées de quelque cirque d'animaux savants !

De temps en temps, dans quelques familles, on se réunit à la nuit tombante ; après le repas, on fait de la musique et l'on danse. Mais ces maigres fêtes sont encore trop coûteuses pour le plus grand nombre des bourses, et elles deviennent rares. L'on n'a même plus, pour se dédommager, les fêtes officielles ; car dans un pays où règne le stupide préjugé de la couleur, une famille blanche n'ira point là où elle serait exposée à rencontrer une famille de mulâtres ou de nègres. Les gens de couleur, qui tiennent le haut du pavé, s'arrangent d'ailleurs de façon à bénéficier très exclusivement des réjouissances locales.

C'est donc une vie bien terne, que celle du blanc créole, et surtout de la femme créole !

Cette femme cependant mérite mieux que cela.

*
* *

Quels portraits n'a-t-on point tracés de la femme créole !

Pas un ne saurait donner à l'Européen l'expression réelle qui convient à cette enchanteresse, car, pour la bien juger, pour la bien comprendre, il la faut étudier sous le ciel des tropiques, ardent de lumière, sur le sol aux luxuriants végétaux, qui l'a vue naître et acquérir ses grâces. Déplacée, la créole n'est plus qu'une fleur étiolée ou modifiée par une sorte d'acclimatement reversif : elle conserve sa finesse et sa joliesse de traits ; mais elle n'a plus ce qui l'anime d'un je ne sais quoi si particulier, ce mélange de vivacité et de nonchalance, cet air à la fois si libre et si candide, ce doux enjouement, non toujours dégagé d'une sorte de tristesse résignée, qui séduisent et captivent. Son parler lui-même, si gentiment caquetant et caressant en son pays, semble un patois criard et intolérable sous notre ciel boudeur.

Parny n'a point flatté ses compatriotes, lorsqu'il a écrit d'elles :

« Le sexe dans ce pays, n'a pas à se plaindre de la nature : nous avons peu de belles femmes, mais presque toutes sont jolies ; et l'extrême propreté, si rare en France, embellit jusqu'aux plus laides. Elles ont en général une taille avantageuse et de beaux yeux. La chaleur excessive empêche les lis et les roses d'éclore sur leur visage et cette chaleur flétrit encore avant le temps d'autres attraits plus précieux... Il existe un proverbe exclusif en faveur des petits pieds ;

pour l'honneur de nos dames, je m'inscris en faux contre ce proverbe. Il leur faut de la parure et j'ose dire que le goût ne préside pas toujours à leur toilette : la nature, quelque négligée qu'elle puisse être, est plus agréable qu'un art maladroit... »

Parny eût pu se montrer moins parcimonieux d'éloges envers les Bourbonniennes, sans risquer d'être taxé de partialité. C'est cependant une créole, Eléonore, qui lui a inspiré ses élégies si charmantes !

Aux Antilles, Boyer-Peyreleau a plus complaisamment analysé les femmes créoles :

« Elles sont dédommagées du coloris brillant des Européennes, par une blancheur et une délicatesse de traits séduisantes, par une tournure et une taille qu'on ne trouve nulle part aussi svelte ni aussi déliée, par une certaine indolence et un laisser-aller ravissant. Sans être parfaitement belle, leur figure fine porte une expression de douceur qui va droit à l'âme, et leur accent, dénué d'afféterie, lorsqu'il n'est pas traînant, respire l'innocence et la candeur. Leur abord timide, même froid, avec les étrangers, est fier avec leurs inférieurs, et très familier avec leurs égaux ; elles sont douces et bonnes à l'extrême et savent répandre beaucoup d'agréments dans la société intime. L'amour étincelle dans leurs yeux ; elles possèdent au dernier point le talent de rappeler le tribut que les hommes doivent à la beauté, et, quoique naturellement coquettes, elles s'attachent vivement à celui qu'elles ont choisi, en sont jalouses à l'excès, et lui sont rarement infidèles ; mais dès qu'elles en sont privées ou délaissées, elles reportent les mêmes sentiments vers un autre objet. Épouses tendres et fécondes, mères excellentes, elles sont toujours passionnées, et l'instinct de la volupté les suit dans tous les âges. Aimables et sans artifices, on est étonné que la volonté la plus décidée puisse s'allier à tant de mobilité d'esprit. Douées d'un caractère sensible et compatissant, elles sont exigeantes, même sévères pour leur service, et l'on ne peut qu'excuser le vice de leur éducation, lorsque ces êtres doux et bons, qui ne devraient s'occuper qu'à faire des heureux, s'arment, contre leurs esclaves, d'une rigueur parfois cruelle... D'une sobriété parfaite pour les mets recherchés, les vins et les liqueurs, elles cèdent tout le jour à des fantaisies bizarres, et se repaissent de fruits ou d'autres aliments qui altèrent leur constitution. Nonchalamment couchées sur des lits de repos, entourées de servantes habiles à prévenir leurs désirs et mollement ensevelies dans le *dolce farniente* des Italiennes, il ne s'agit pas plutôt de la danse, qu'on est émerveillé de la légèreté de leurs pas, de la souplesse de leurs mouvements, du feu, de la grâce et de la vivacité qu'elles y mettent. Le climat exige impérieusement beaucoup de propreté ; il n'y a pas de pays au monde où elle soit aussi scrupuleusement observée dans tous ses détails ; cette propreté est la même parmi toutes les classes d'habitants... »

Je n'ai rien à ajouter à ces brillantes couleurs. Elles ne sont point exagérées. Mais cependant elles ont une ombre.

***

Sous l'enveloppe de la grâce, plus belle encore que la beauté, a dit La Fontaine, la créole renferme des trésors de sensibilité. Précisément à cause de cela, elle ne sait pas assez se prémunir contre les ardeurs qui l'assaillent. Derrière un voile de douce paresse et de naïveté, elle dissimule assez mal les aspirations de son cœur, et le besoin d'aimer, entravé ou contenu, dégénère chez elle en une sorte d'appétit violent, presque maladif, fertile en écarts singuliers. L'énervement succède, puis le caractère se transforme ; la femme, anémiée, épuisée, mais non pas rassasiée, vraie névropathe, engendre dans l'isolement de sa vie solitaire des habitudes déplorables.

Ce que j'ai à écrire sur ce sujet est bien délicat et bien scabreux, et pourtant je ne le saurais faire en quelques lignes banales. J'oserai tout révéler, ne m'avançant d'ailleurs, sur ce terrain glissant, qu'avec précautions et appuyé sur des documents véridiques.

Je n'entends pas attribuer à toutes les familles créoles, ni même au plus grand nombre, les relâchements que je vais mentionner. Je ne les regarde pas non plus comme limités à une classe ou à une catégorie exclusive. Ils ont pris racine un peu partout, dans le monde blanc, comme dans le monde de couleur, en haut comme en bas de leurs couches; mais ils n'ont point pénétré, Dieu merci, au sein de maints foyers. Les jets n'ont pas encore de poussées continues. L'exemple toutefois est contagieux, et ce qu'on se murmure à l'oreille, sans indignation, ou même avec le sourire aux lèvres, est bien prêt d'être imité à la première occasion. Toute personne au courant des choses coloniales me comprendra, sans qu'il soit nécessaire d'insister.

L'homme a pour lui la vie extérieure et il prétend conserver le monopole de l'amusement sans frein ; la femme n'a pour elle que la vie retirée et oisive. En pareilles conditions, les mœurs domestiques ne peuvent que péricliter. Ce qui se passe trop ordinairement se devine.

Monsieur va à ses affaires, au cercle... chez sa concubine : cela est reçu et n'entraîne aucune réprobation sérieuse. Bien plus, cette concubine est souvent une ancienne servante de la maison ou une ancienne camarade de pension à Madame. Celle-ci a quelquefois toléré sa rivale au cours de ses fiançailles ; elle la tolère encore après le mariage. On cite même des cas où elle a recherché un partage de faveurs... en concurrence avec le mari ! Mais, sans aller si loin, elle ne trouve rien de choquant à des contacts qui froisseraient, chez nous, les suceptibilités les moins ombrageuses. J'ai entendu raconter qu'aux noces d'un magistrat, la maîtresse, bien attifée, et remplie d'attentions, servait de première femme d'atours à l'épousée, qui n'ignorait pas ses fonctions plus intimes auprès de son seigneur. De ces unions en partie double, des enfants naissent : de quelque mère qu'ils viennent, ils seront également bien reçus. J'ai logé, pendant plusieurs mois, chez une mulâtresse du genre conventionnellement respectable ; elle avait des enfants, dont un créole blanc, riche, en situation officielle, marié, avait accepté la paternité : la famille irrégulière avait accès dans la maison de la famille légitime, et, le jour de la communion de l'une des filles au nom paternel, ce furent les filles au nom maternel qui préparèrent les pâtisseries obligatoires, avec un soin méticuleux.

Les enfants, déjà rapprochés dans leur bas âge, le sont davantage sur les bancs de l'école. C'est alors que les différences d'origine engendrent, dans les rapports, les plus fâcheuses conséquences, surtout parmi les filles. La petite mulâtresse, qui a vécu de la vie libre et trop ouverte, apprend à la petite blanche, à la vie jusqu'alors plus claustrée, beaucoup de choses qu'il est fort désirable de cacher aux enfants.

Des habitudes lesbiennes se contractent, se développent et elles continuent plus tard pendant longtemps. Elles sont communes, m'a-t-on assuré, même en dehors de la couche qui alimente la prostitution, et Belot, un créole, n'aurait eu qu'à se souvenir des mœurs de son pays, quand il écrivit sa *Femme de feu* et *Mademoiselle Giraud, ma femme !*

Beaucoup de jeunes personnes sont initiées aux plus vilaines pratiques par ce qu'on appelle les *z'amies*. Mariées, celles-ci ne manquent pas de satisfaire aux curiosités des innocentes, et je puis citer le fait, absolument personnel, d'une abominable collection de photographies, remise à une gentille demoiselle de seize à dix-huit ans, par une amie de même âge, récemment mariée, qui se croyait évidemment en droit de tout connaître, comme de tout enseigner,... sous la couverture de son titre. Cette même jeune fille, je fus un jour appelé à la soigner, en des circonstances où la relation de cause à effet ne pouvait m'échapper : il s'agissait d'un épuisement nerveux précisément consécutif à une série de visites de son aimable amie. Un confrère bien renseigné m'a appris, sur ce sujet, maints détails très médicaux qui ne sauraient laisser aucun doute sur la fréquence d'habitudes..., renouvelées de Sapho et des dames de Brantôme, au sein de familles où l'on ne s'attendrait guère à les rencontrer.

Mais qui s'imaginerait que des mères n'ignorent pas ces habitudes et n'interviennent pas pour les enrayer ! Elles ont passé par là, sans doute, et elles tolèrent chez leurs filles ce qu'on a toléré pour elles. Deux mères s'entretenaient de la matière : l'une avouait à l'autre qu'elle avait trouvé sa fille en amusement très intime avec sa petite bonne ; elle ne se montrait pas bien courroucée d'ailleurs et sa compagne ne témoignait aucune indignation ; toutes les deux finirent par se répéter, qu'après tout, « cela n'était pas aussi dangereux qu'on le prétendait, et que cela empêchait les jeunes filles de tourner à mal avec les hommes ». C'était si bien l'avis d'une certaine mulâtresse, retirée des affaires, et qui reconnaissait, d'après sa propre histoire, les inconvénients d'un début trop prématuré sur la scène galante, qu'elle faisait cette confidence inouïe à un ancien amant (elle avait une fort jolie fille, déjà très courtisée) : « Cher, je ne veux pas que ma fille s'en aille avec les officiers, comme une telle et une telle ; non j'entends qu'elle garde de la moralité. Mais pour calmer ses sens, à cette jeunesse, je la conduis deux ou trois fois par mois auprès d'une amie... »

Comment, même à défaut d'amies corruptrices, les jeunes filles parviendraient-elles à se conserver pures devant les exemples qu'elles ont sous les yeux ? Beaucoup, même parmi les mieux élevées, ont à côté d'elles des frères qui ne se préoccupent guère de cacher leurs aventures amoureuses. Dans une triste affaire d'assises, où l'on condamna une pauvre négresse qui, pour se venger de la séduction et de l'abandon, avait tenté de mettre le feu à la maison d'un jeune homme d'excellente famille, blanche ou presque blanche, le procureur de la République releva un détail caractéristique : le lovelace couchait dans une pièce du rez-de-chaussée, séparée par une simple claire-voie de l'appartement habité par ses sœurs et sa mère, et il n'hésitait pas à recevoir là ses maîtresses attitrées ou de rencontre !

Du reste, dès leur plus jeune âge, les enfants sont appelés à tout voir et à tout entendre. Les imprudents parents s'amusent de leur précocité ; ils narrent avec complaisance les plus incroyables fredaines... en ayant l'air de s'en fâcher.

Une petite fille de sept ans voit sa sœur, mariée, prendre un embonpoint rapide ; elle questionne autour d'elle et n'est pas satisfaite des réponses qu'elle reçoit. Tout à coup, sérieuse, elle donne une petite tape sur le ventre de sa sœur : « Si j'étais toi, dit-elle, je me débarrasserais vite ! Il n'y a qu'à faire prévenir le médecin et, tout de suite, tu aurais un bébé. » Evidemment, on n'avait pas songé à se défier de la gamine et elle avait dû surprendre le secret de quelque opération antérieure, hors de la portée habituelle des enfants[1].

Un créole me racontait qu'il découvrit son fils, âgé de cinq ou six ans, en train d'expliquer à ses deux sœurs, à peine plus âgées que lui, « ce que c'était que l'amour et comment *ça se faisait;* » qu'un autre jour, le même garçonnet vint lui dire en riant qu'il venait de voir une petite fille et un petit camarade du voisinage occupés d'une façon que je n'ose écrire, mais que le père spécifiait, d'après le récit de son fils, avec un élan de fausse émotion très comique.

Dans les pensionnats, de pareils caractères vont se perfectionnant et, là-dessus, je me tairai. Les enfants qui sont le moins à reprimander sont encore ces bonshommes de quatorze à quinze ans, comme j'en ai renontrés, en quête de consultation spéciale à la suite d'une mésaventure amoureuse, auprès de quelque fille suspecte.

Au retour dans la famille, les adolescents de l'un et de l'autre sexe trouvent souvent des agents de profonde perversion dans les jeunes servantes, mulâtresses ou négreses, qui vivent sous le toit de leurs parents. A leur école, les garçons se

---

[1] On ne saurait trop prendre de précautions contre la curiosité des enfants. Ils sont à l'affût de tout ce qu'on leur cache ; ils imitent d'abord à la manière de petits singes... plus tard en apprentis du vice.

Un matin, à la Vera-Cruz, étant sur mon balcon, j'eus, en face, le spectacle de deux enfants, le frère et la sœur, qui jouaient, avec l'indécence la plus candide, *au lavement*. Ils répétaient sur eux-mêmes, sans songer aux passants, tout ce qu'ils avaient vu faire la veille peut-être à leurs parents !

préparent aux liaisons du concubinage, mais au moins ne tardent-ils guère à déverser au dehors le trop plein de leurs impulsivités génésiques, et gardent-ils en leurs excès la note naturelle ; les filles, condamnées au *buen retiro*, oisives, n'ayant de goût que pour des lectures qui attisent leurs désirs, et d'autres moyens de les satisfaire que dans leurs relations avec des personnes de leur sexe, laissent libre cours à des appétits dévoyés et se perdent au foyer familial.

Voilà du moins ce qui arrive trop fréquenmment.

Parmi celles qui échappent aux aberrations monstrueuses, toutes ne possèdent pas pour cela un sens moral bien solide. Plus d'une ne résiste pas aux premiers assauts d'un jeune cousin, et même, de temps en temps, l'on est stupéfait d'apprendre les amours, jusque-là clandestines, mais subitement révélées par un fâcheux accouchement, d'une belle et splendide créature, aisée ou riche, ayant tout le vernis de la meilleure éducation…, avec quelque nègre ou quelque coolie ! Cela aboutit parfois à des suppressions d'enfant, mais dont la connaissance n'arrive pas, d'ordinaire, jusqu'aux tribunaux.

Le célibat forcé, pour un grand nombre de jeunes filles, est une circonstance atténuante dans les défaillances que je suis obligé de constater. La population féminine présente uu excédent notable sur la population masculine ; la réduction de plus en plus grande de l'effectif des fonctionnaires et des officiers métropolitains a diminué le contingent des épouseurs le plus appréciés ; dans le pays, un état de gêne croissante. l'incertitude du lendemain, éloignent les jeunes gens d'unions, dont ils redoutent les charges. La créole éprouve durement le contre-coup de cette situation et sa nature y puise comme une excuse à ses écarts.

Cependant, le mariage ne suffit pas toujours à assoupir des ardeurs trop intensives et exaltées de trop bonne heure. Les femmes qui se contentent d'un mari sont l'immense majorité. Mais il y a des insatiables, qui, si elles ne partagent pas leurs plaisirs entre leur conjoint légal... et de bonnes amies, recherchent des amants. Je crois qu'il faut signaler, comme une cause de ces manquements, la trop grande fréquence des unions disproportionnées. Aujourd'hui surtout, que les fortunes sont très amoindries, les jeunes filles trouvent plus difficilement des maris sortables, et les vieux célibataires ou veufs, usés par la vie joyeuse, ont beau jeu pour animer leur carrière au déclin au feu d'une jolie personne à son printemps, mais sans biens. L'Agnès, sous la pression de ses parents ou de son plein gré, se laisse prendre ; elle ne tarde pas à se dédommager. L'adultère néanmoins n'est pas chose commune ; car, dans la vie créole, il est malaisé de dissimuler une liaison ; les maisons sont de verre, les langues ont la sonorité et la puissance de répercussion des trompettes de la Renommée. Mais les adroites qui s'y risquent n'ont pas toutes un vieux mari et un galant Adonis. Je citerai à cet égard le cas d'une dame, jeune, remarquablement jolie, de sang blanc et mariée à un fonctionnaire de sa race, en pleine maturité d'âge et en situation assez élevée, — qui, dès les premiers temps de son mariage, s'abandonna à un nègre rabougri, sale, *pianeux* (atteint de *pian*, dégoûtante affection de la peau). L'affaire se termina comme un conte de Boccace. Un enfant vint au monde qui bientôt présenta la marque africaine ; le mari se fâcha, mais le curé de la paroisse vint très à propos au secours d'une cliente, très assidue dans ses dévotions et sans doute aussi très large dans ses charités : il réussit à persuader à l'époux que cet enfant teinté pouvait bien être le fruit de ses œuvres : la Providence permettait de ces bizarreries, pour éprouver la piété de ses fidèles et les ramener à l'humilité. Le véritable père était très riche et l'intérêt avait peut-être joué un rôle bien banal, dans le cœur d'une femme coquette. Mais c'est là un mobile ordinairement sans puissance sur nos créoles : à l'inverse des Havanaises, elles se donneront par caprice, rarement elles se laisseront acheter à coup d'argent [1]. Elles sont plus sensibles aux honneurs

---

[1] « Quand une Havanaise, même de celles qui tiennent un certain rang, a besoin d'une *once* d'or, elle charge son *calesero*

que leur... sacrifice vaudra à leur mari et dont elles auront leur part : aux colonies comme ailleurs, avec le consentement tacite ou à l'insu de l'homme, la femme a édifié plus d'une fortune administrative ou politique... incomprise du vulgaire !

*
* *

Je viens de découvrir les côtés peu connus de la société régulière ou régularisée.

J'aborde maintenant, avec moins d'embarras, les mœurs de l'autre monde.

La vie libre, où l'on n'accepte aucune entrave, où l'on s'abandonne sans réserve aux plaisirs amoureux, gravite autour de la femme de couleur. Dans tous les temps, et principalement à l'époque de la grande prospérité coloniale, les mulâtresses ont été « les prêtresses de l'amour illégitime » et ont formé, « dans l'empire des femmes, une secte redoutable ».

« Leur teint d'un jaune clair ou bronzé est souvent en rivalité avec les roses et les lys dont celui des femmes blanches est ordinairement composé. Souvent, c'est un sujet de guerre entre ces femmes d'une espèce différente, quoique du même sexe. Les manœuvres de l'une excitent

---

de lui amener le premier venu qui voudra bien lui avancer cette somme. Mais qu'il ne s'avise point, ce premier venu, quel qu'il soit, de reconnaître et de saluer dans le monde la femme qu'il aura ainsi obligée, ce serait un homme perdu... » (Masse *l'Ile de Cuba*, Paris, 1825, p. 341.)

les plaintes de l'autre. Le caprice des hommes et l'humeur naturelle aux femmes perpétuent la zizanie, et la jalousie des femmes blanches s'allume, quand elles ne devraient ressentir que du mépris pour leurs époux infidèles. Les mulâtresses dont nous parlons font, dans les colonies, ce que les Laïs entretenues font ailleurs, et les premières brillent bien autant que les autres. Mais il faut rendre aux filles de couleur la justice qu'on leur doit ; elles sont bien loin de cet air effronté, lubrique et pervers, qui scintille dans les yeux des courtisanes de France ou d'Europe. Elles sont beaucoup moins jolies, ont une volupté plus touchante, et elles inspirent une passion plus forte. Mais aussi, elles ne sont que trop souvent la cause de la perte des jeunes gens, du déshonneur de beaucoup de vieillards imbéciles, qui, semblables au chêne, s'attachent plus fortement à la terre, à mesure qu'ils sentent qu'ils lui échappent. C'est chez elles aussi, que les maris, à qui le nom de l'hymen procure des nausées, vont se désaltérer dans les égouts de Cythère ; c'est là que vont se ruiner tant de jeunes gens riches, et qu'ils consomment en peu de temps le fruit de beaucoup d'années et de sueurs. Ce sont ces femmes, qui rendent tant de dépositaires infidèles, qui sont causes que tant d'enfants souffrent de la prodigalité de leurs pères luxurieux pour ces folles divinités, ou pour les enfants qui en naissent, et que tant de femmes blanches sont abandonnées de leurs maris. On leur attribue avec assez de raison le goût presque général des hommes de Saint-Domingue surtout pour le célibat. Elles prennent un homme à peu près comme une terre à ferme ; elles en tirent tout ce qu'elles peuvent et il en sort les forces et les désirs épuisés. Toutes ces folies sont d'autant plus étonnantes, que celles qui les inspirent sont naturellement sans beauté, et souvent sans éducation, sans expressions et sans pensées. Elles n'ont pour elles que ce jargon mignard des créoles, qui, dans leur bouche, est d'une douceur et d'une lenteur qui séduisent les âmes amoureuses. Leur complaisance est extrême, elles séduisent plus par leurs soins que par leurs charmes. On se croirait ingrat, si on ne les récompensait pas, et l'habitude de l'indolence, naturelle au climat, a achevé de les faire triompher. Il faut aussi rendre justice à leur taille svelte, à leur démarche légère, à leur abandon électrique, aux grâces de leur maintien aux mouvements voluptueux qui les balancent sans cesse, et à l'élégance de leurs parures. Quand elles passent dans les rues, armées de leurs atours, ou qu'elles sont négligemment étendues sur leurs sofas, vêtues de leur déshabillé coquet, elles excitent la curiosité, et la première sensation qu'on éprouve est ordinairement plus forte que soi. Mais l'homme de bon sens ne tarde pas à s'apercevoir de la supercherie de leur art, il les fuit, et s'il s'égare quelquefois avec elles, ce n'est qu'un instant de perdu, il retourne bientôt à ces devoirs. Telles sont ces femmes singulières. Elles sont les courtisanes des colonies et Saint-Domingue a l'avantage ou la honte de posséder les plus extraordinaires. » (Des Lozières.)

Ducœurjoly esquisse de ces filles de Saint-Domingue un portrait des plus vifs. « Tout ce que la nature accorde de charmes aux séduisantes créoles blanches, à l'éclat du teint près, elle semble prendre plaisir à le prodiguer aux mulâtresses : même élégance de forme, même caractère de traits, même expression dans les regards, même aisance de la démarche, et surtout même paresse, même nonchalance dans toutes les actions, jusqu'à ce que l'éclair du plaisir, venant l'animer, produise l'explosion du volcan. Une mulâtresse paraît être une créature empreinte et pétrie de volupté..... Il n'est rien que l'imagination la plus enflammée puisse concevoir, qu'une mulâtresse n'ait pressenti, deviné, accompli... » Le luxe de ces femmes n'avait pour ainsi dire pas de bornes : les plus riches dentelles, les étoffes les plus rares, les bijoux les plus magnifiques, leur étaient « si prodigués par leurs amants, que plusieurs auraient pu changer d'ajustement et de décoration chaque jour de l'année ». Aussi que de jalousies et de colères un pareil spectacle accumulait au cœur des blanches ! Un instant, l'on songea à promulguer des lois somptuaires, pour mettre un frein à un luxe aussi scandaleux !

Les mulâtresses d'autrefois ont de dignes émules dans leurs sœurs d'aujourd'hui. Celles-ci n'ont pas autant de faste, mais elles exercent le même pouvoir sur le cœur des hommes ; elles rencontrent moins de haines et de jalousies chez la blanche, au caractère affadi, mais elles ne lui savent aucun gré de sa tolérance et reportent sur elle le même esprit racunier que les mulâtres ont à l'égard des créoles blancs.

Aux Antilles, à la Guyane, à la Réunion, elles sont partout les mêmes, gracieuses et provocantes, avec un certain air de naïveté et de candeur impudiques, qui n'appartient qu'à elles.

En voici une qui se hâte vers quelque rendez-vous. Elle s'avance, à la fois indolente et vive, traînant avec un petit cliquetis régulier son léger soulier transformé en pantoufle, balançant ses hanches par des mouvements pleins de souplesse féline, la poitrine et le ventre en avant, et le regard velouté, doucement caressant, comme pour inviter au plaisir voluptueux. Ses narines semblent dilatées à la recherche de quelque parfum enivrant ; ses lèvres, un peu grosses et bien en couleur, s'entr'ouvrent par un sourire qui appelle le baiser et laissent admirer deux rangées de blanches perles. Elle se sait belle et jouit de l'effet qu'elle produit. Elle s'est d'ailleurs

10.

soigneusement attifée pour plaire. Elle a posé sur sa tête, aux cheveux noirs et luisants, relevés sur la nuque, le foulard de soie bleue ou rouge, ou le madras bien raide, bien tendu, bien *voyant*, sous la couche de chrome d'un récent *calendage*; elle a disposé avec art ses plus brillantes épingles, sur cette coiffure imitée de celle de nos Bordelaises, et qu'elle a faite sienne en l'embellissant, la rejetant en arrière ou l'inclinant sur le côté avec une crânerie décidée, l'un des bouts dressé comme un pompon ou étalé comme en éventail. Sa robe, d'étoffe blanche ou bariolée de couleurs claires, est serrée lâchement sous les seins (comme l'ancienne *gaule* de nos aïeules); elle balaye la rue de sa longue traîne et se relève en avant sur une jupe empesée, assez courte pour découvrir un bas blanc, bien tendu sur une jambe irréprochable. Des bijoux d'or partout, lourds et massifs, aux oreilles, au cou, aux poignets, ou, sur la gorge, un collier de fausses graines noires (*ouabé*), qui rehausse l'éclat de la chair.

Et cette autre! Elle s'abandonne au doux *farniente*, pelotonnée sur la natte qui recouvre le plancher de sa case, ou se balance mollement dans le large fauteuil à bascule qui fait partie de tout ameublement créole. Elle a pour tout vêtement le mince peignoir, dérobant à peine ses charmes, et joue de son pied nu avec ses mules; elle babille paresseusement avec la petite servante, attendant l'heure des visites, du bain ou de la promenade.

Quel corps, sous le vêtement simple ou coquet! La mulâtresse a réalisé toutes les beautés plastiques de la statuaire antique. Elle est svelte sans maigreur, bien en chair sans embonpoint, et les proportions de son corps, avec quelque chose de masculin, lui donnent précisément ce cachet esthétique, que les Grecs ont imprimé à leurs plus gracieuses déesses. La main seule laissé à désirer; les doigts, effilés, sont un peu noueux aux articulations, secs et parfois déplaisants.

Qu'on ne croie pas que ces femmes-là ne possèdent d'autres attraits que les charmes physiques. Un grand nombre, sans doute, ne sont guère que de jolis jouets, animés seulement par l'ébat amoureux. Mais d'autres amusent et captivent par la vivacité de leur esprit, le sel de leurs reparties, un enjouement du meilleur aloi. Quelques-unes, tout comme leurs sœurs antiques, essayent même de cultiver la muse à leurs moments perdus.

A Bourbon, la mulâtresse Célimène, qui tenait une sorte de cabaret fort bien fréquenté, régalait ses clients de chansons de sa composition, avec accompagnement de guitare. Elle a rimé son portrait : le français et la prosodie sont en faute, mais l'entrain le fait oublier :

Je suis cette vieille Célimène,
Très laide, mais non pas vilaine.
Je suis une pauvre créole,
Qui n'a pu aller à l'école,
Légère en conversation,
Mais pas du tout en action ;
J'ai la tête remplie de vers,
Que je fais à tort et à travers.
Trop froissée, je satirise
L'impoli qui me ridiculise.
Et jamais je me déguise.
Je fais connaître le ridicule,
Aux bigots je fais sauter la bascule,
Il faut que celui qui avance recule,
Reste honteux, gobe la pilule.
Je respecte les vrais dévots,
Mais je crains beaucoup les bigots.
Avec les fous je fais la folle,
Avec les sots, je fais la sotte ;
Et jamais ne perds la boussole ;
Pour éviter des avaris,
Les grands, les gros et les petits,
Blancs, noirs ou gris sont mes amis.
J'admire l'aristocratie,
J'aime et plains la démocratie,
Car j'appartiens à la dernière,
Mais je respecte la première,
Car ma vie n'a pas été que fleurs ;
Dans mes plus grands fonds de douleurs,
Les mains de toutes les couleurs
Sont venus essuyer mes pleurs.

Je fais naturellement allusion aux demoiselles qui représentent le dessus du panier dans leur classe. Car, à mesure qu'on descend vers la négresse, si le caquetage reste, les attraits et le charme des allures s'amoindrissent et s'effacent.

Mais, à tous les degrés de la couleur, un sentiment existe chez ces dames, la jalousie contre la femme blanche. Il éclate en maintes occasions et sous mille formes. La mulâtresse est heureuse, quand elle enlève un blanc à sa jeune fiancée, un mari à son épousée d'hier. Il faut bien qu'il y ait chez elle, comme chez le mulâtre, un fond de rancune impitoyable, de colère inassouvie, qui dérive de la souillure originelle. Elle n'a rien à envier aux créoles blanches sous le rapport de la beauté et elle dédaigne de la copier dans ses modes; elle sait qu'elle a en elle-même les moyens de soutenir toute lutte amoureuse, souvent avec des chances particulières de succès, grâce à son caractère plus souple et moins altier [1]. Mais, chez la négresse, d'ordinaire bonne et compatissante, il entre quelque rage, à la conscience de sa laideur : elle essaye de copier les toilettes de la femme blanche et elle ne réussit qu'à se rendre ridicule; elle porte faux-chignon, pour donner le change sur sa toison

[1] Cependant la mulâtresse semble avoir moins que le mulâtre cette hostilité méchante et jalouse contre le blanc. Elle la manifeste rarement contre l'homme et c'est comme une exception que je mentionnerai le fait suivant. Une très jolie fille, aux mœurs plus que faciles, était fort en vogue dans la petite garnison de la Basse-Terre; j'acquis bientôt la certitude qu'elle envoyait beaucoup de soldats à l'hôpital; je pris informations et je connus la vérité : la demoiselle était depuis longtemps malade et elle le savait; elle se montrait prodigue de ses faveurs, *parce qu'elle était heureuse de donner du mal à des blancs!*

laineuse, arbore les chapeaux les plus invraisemblables, les robes les plus tapageuses, et elle n'arrive pas à séduire davantage ceux dont elle convoite le plus les regards ; les nègres l'admirent, mais c'est bien des nègres dont elle a souci ! Peut-être aussi ressent-elle profondément le dédain de rivales, qui ne l'estiment pas même digne de leur jalousie. Quoi qu'il en soit, les ressentiments se traduisent quelquefois d'une façon féroce, principalement dans les moments troublés où les haines tournent vite en crimes. J'en pourrais fournir des preuves bien tragiques ; je me bornerai à une courte citation de Lacour. Pendant la tourmente révolutionnaire, à la Guadeloupe, « les négresses et les mulâtresses surtout se montraient acharnées contre les femmes blanches. (Au camp du chef noir Palerme, où l'on envoyait les femmes et les enfants arrêtés sur les habitations), la mulâtresse Solitude laissait éclater, dans toutes les occasions, sa haine et sa fureur. Elle avait des lapins. L'un d'eux s'étant échappé, elle s'arme d'une broche, court, le perce, le lève et le présentant aux prisonnières : *Tiens*, dit-elle, en mêlant à ses paroles les épithètes les plus injurieuses, *voilà comme je vais vous traiter quand il en sera temps !* Et cette malheureuse allait devenir mère. » Cette femme n'abandonna pas les rebelles et elle ne cessa de les exciter aux plus grands forfaits[1].

[1] Mais nous avons eu, chez nous, des *lécheuses de guillotine !*

Soit qu'elles obéissent à leurs sentiments de jalousie et de haine contre les personnes de leur sexe à la peau non bistrée, soit qu'elles subissent comme malgré elles l'influence de l'aristocratie du sang, les femmes de toutes nuances préfèrent à tous les autres mâles l'homme blanc et elles se montrent honorées de sa recherche. Un amant blanc (car pour un mari de cette couleur, il n'y faut guère songer), c'est le nec *plus ultrà* de leurs aspirations. Par contre, les mulâtresses, comme les hommes de leur teinte, ont le mépris du noir. A Haïti, dit Spencer Saint-John, « j'ai vu dans les bals de jeunes mulâtresses refuser de danser avec des nègres, qui, de fureur, voulaient appeler en combat singulier les pères ou les frères de ces dédaigneuses beautés. Quoi de plus absurde que ces prétentions et ce préjugé, quand, à deux générations près, les mères n'étaient que de simples esclaves africaines ? J'ai entendu plus d'une femme de couleur parler de sa famille et de ses parentés aristocratiques, alors que je savais que, dans une chambre du fond, vieillissait languissamment quelque noire *mamzelle*, qui était la grand'mère de l'orgueilleuse personne... » On peut encore faire de semblables remarques dans nos colonies d'Amérique, en dépit de l'étalage des idées démocratiques.

La femme de couleur ne se contente pas de dériver vers elle les ardeurs des jeunes gens et même des hommes mûrs, de rompre l'union des ménages, de contribuer à l'entretien du célibat parmi les gens les plus à l'aise (bon nombre de créoles, tout en dépensant plus d'argent pour la maîtresse, qu'il n'en faudrait pour soutenir honorablement une femme et des enfants légitimes, préfèrent la vie libre du concubinage à la vie régulière, plus remplie de soucis et surtout de monotonie). Elle est encore une cause de corruption dans les familles, où elle pénètre comme servante ou comme ancienne amie, et où elle initie les enfants, parfois l'épouse elle-même, aux plus libidineuses pratiques, ainsi que je l'ai dit.

Elle est naturellement portée d'ailleurs aux goûts dépravés. Elle est de l'école de Sophie Arnould, qui préconisait l'amour panaché, cherchait à réveiller, auprès des personnes de son sexe, les désirs assoupis auprès de ses courtisans du sexe contraire. Elle répète souvent, sans avoir jamais lu les dialogues de Lucien, la scène de Mégilla et de Lééna. Ce genre de liaison existe non seulement entre filles de même vie, mais encore entre filles et femmes de situations très différentes. Passionnée en sa luxure, la mulâtresse poursuit, avec une persévérance cynique, l'objet de ses convoitises, elle en écarte jalousement les compétiteurs, les rivaux et les rivales.

Un jeune homme confie à l'une de ces femmes, qu'il voudrait bien obtenir les faveurs d'une dame et il laisse entendre qu'il récompenserait généreusement un courtage. « Oui, répond la mulâtresse, je vous comprends ; cette dame est accessible ; mais moi aussi, je la désire, et je passerai avant vous. »

Un officier manifeste devant une autre l'admiration et les doux sentiments qu'ont fait naître en son cœur les jeunes charmes d'une gentille voisine. La mulâtresse se fâche : elle a depuis longtemps jeté les yeux sur cette belle enfant, et elle prétend bien être la première et la seule à la posséder. A quelque temps de là, elle parvenait à ses fins malhonnêtes.

Je sais une Européenne, qui renonça à fréquenter certains magasins, à la suite de propositions... peu gazées, qu'elle y reçut de jeunes employées.

Les jeunes négresses cultivent aussi les plaisirs lesbiens. La lettre suivante, adressée par une affreuse petite servante à une *zamie* non moins laide qu'elle-même, mais qui cependant avait capté son imagination, lettre interceptée par la maîtresse et demeurée en ma possession, en est une preuve explicite :

Ma cher amie,

Je pren ma plume pour te fer savoir que je têmé à la folie. Je me plus par regarder sans verser les yeux pour toi re her (?) ausoir quand je m'enver en coucher j'ai penser à toit cher amie. Je ne jamai émé com je têmé en te voyan mon cœur et soulager la premier fit que je te

vie mon cœur et souter pour toit quand je te voir mon cœur palpite ma couleur échange toiz foir par jour cher amie cella ma fai de la peine pour te voir cozai avec les aum et égause (?)
Adieu cher amie je t'emboise
Ren moi la reponse de plus viter posere[1].

Entre filles livrées à la plus large prostitution masculine, les mêmes habitudes se rencontrent. A la Martinique, on me désigna, il y a de cela bien des années, deux de ces folles mulâtresses ; l'une, très foncée, vivait en concubinage avec un officier ; elle se montrait fidèle à cet amant, mais elle avait en même temps pour *amie* la seconde, très claire de teint, et très facile aux hommes : elle lui tolérait ceux-là, mais, au moindre coup d'œil, à la moindre privauté accordée à une autre femme, elle s'emportait, jusqu'à frapper brutalement sa compagne.

Ces aimables personnes ne font point, en général, une cynique parade de leurs goûts pimentés ; mais elles ne s'en cachent guère non plus et c'est sans grande hésitation qu'elles racontent les féminins mystères aux amants de l'autre sexe.

A plus forte raison, les relations les plus libres avec celui-ci n'entraînent-elles pas une note bien sévère de réprobation.

*
* *

---

[1] Beau spécimen des résultats de l'instruction aux colonies, soit dit en passant !

J'ai dit combien de vertus suspectes pénétraient dans les familles aux apparences les plus honnêtes. Je puis affirmer qu'aux avant-dernières élections législatives, un candidat député parut au balcon d'un hôtel de,... entouré de mulâtresses bien parées, et n'ayant aucune prétention au bouquet de rosières, sans que la foule trouvât la moindre exclamation d'étonnement ou de critique. Le clergé voit ces Magdeleines... toujours irrepenties, d'un œil assez paternel : il n'a pas de meilleures clientes. Certains prêtres accepteraient volontiers leurs bijoux en gage, contre des prêts ménagés prudemment et rarement acquittés ; d'autres accepteraient mieux encore (car il n'est pas de vertu qui ne puisse fléchir au sein des Capoues créoles). D'ailleurs pas de bonnes fêtes de confréries, que les joyeuses personnes ne célèbrent par des messes bien payées, pas de solennelles processions, qu'elles ne relèvent avec leurs pittoresques toilettes et n'édifient par leurs airs de componction.

L'union illégitime n'a rien d'infamant.

Dans la basse classe surtout, on se passe aussi bien du maire que du prêtre, pour les unions durables. Il y a telles localités sauvages et reculées des Antilles et de la Réunion, où les familles sont le résultat d'une promiscuité atavique, digne de la barbarie africaine, tout comme à Haïti[1]. Les produits de ces mariages libres,

---

[1] « Un nègre comme il faut vit maritalement chez lui et sans

s'ils n'ont point encore la sanction légale, jouissent de tous les privilèges des enfants les plus légitimes ou les mieux légitimés, au sein de leurs familles et devant l'opinion. L'enfant qui survient... par accident, dans les villes, au cours de liens fugaces, n'est pas traité plus mal : il n'est pas une cause de honte et il est quelquefois un objet de profit. On ne se gêne guère pour lui donner le nom d'un père, vrai ou supposé, et personne n'y voit à redire.

Si la fille-mère vit dans une situation quasi normale, pourquoi chercherait-elle à éviter plus tard la pareille à ses propres enfants, à leur présenter sous un mauvais côté des habitudes dont elle comprend à peine l'immoralité?

Dans un ménage de mulâtres à l'aise, rectifié devant le maire et le curé, longtemps après sa constitution effective, on faisait grand éloge d'un fils, garçon de dix-sept ans, auquel j'avais procuré une petite place. Je m'étonnais des allures *gentleman* de ce garçon, avec des appointements aussi modestes que les siens. Je devais éprouver un redoublement de surprise à quel-

---

s'en cacher, avec plusieurs femmes. J'ai eu plus d'une fois le spectacle d'un patriarche assis sur la porte de sa maison, autour de laquelle il y avait plusieurs cabanes destinées à ses jeunes épouses, qui n'avaient pu vivre en bonne intelligence sous le même toit. » Vainement les prêtres catholiques ont essayé de lutter contre ces habitudes : les femmes sont les premières à protester en faveur de leur conservation, qui leur assure une sorte d'existence presque légale, tout à fait légale même, puisque la loi d'Haïti déclare légitimes les enfants qui naissent de ces unions. (Sp. St.-John.)

ques jours de là. Le père venait me chercher pour visiter le jeune homme, qui était tombé malade ; je m'attendais à le trouver dans la case de ses parents : je fus conduit dans celle d'une jolie mulâtresse. Je ne fis aucune réflexion, bien entendu ; mais, en sortant, je demandai au père comment son fils pouvait suffire aux dépenses d'un ménage, tout en méritant ses éloges. « Oh ! monsieur, il en est digne, il nous laisse tout ce qu'il gagne. — Mais alors ?... — Oh ! monsieur, c'est une si bonne fille que vous avez vue tout à l'heure ! Elle vit avec mon fils, elle est laborieuse et elle gagne le double de mon garçon à son métier de repasseuse. »

Ainsi du garçon, on se débarrasse et l'on tire même profit, en approuvant qu'il soit entretenu par une maîtresse.

La fille, d'autre part, est un capital soigneusement ménagé par beaucoup de mères. Elles n'ont point rencontré mépris, dans leur carrière, mais au contraire force agréments et force aubaines. Pourquoi fermeraient-elles la profession à leur progéniture, en l'âge de l'exercer ? Loin de là leur pensée. Elles songent plutôt à guider les pas de la novice, d'après une vieille expérience, à la conseiller dès ses premiers épanchements... ou bien elles devancent ses pensées et ses vœux en faisant prix pour elle. Tant pis si elles se trompent. Elles ont la conscience d'avoir rempli leur devoir. Une jeune fille fut ainsi amenée à un vieillard immonde, mais très riche : la pauvrette s'enfuit épouvantée et revint toute pleurante à la case de sa mère ; celle-ci la reçut avec une indignation bruyante, lui reprochant d'avoir méconnu leurs intérêts communs. Mais tous les amoureux entreteneurs ne sont pas aussi répugnants, ni toutes les mères faciles aussi coupables que les types dont je viens de parler.

*
* *

De pareilles habitudes sexuelles relèvent d'une ardeur naturelle, en grande partie due au climat, et d'une corruption acquise, dont les leçons sont venues d'Europe.

Le tempérament explique le laisser-aller des mœurs et le désintéressement ordinaire des femmes, dans le commerce amoureux. Le vice, ouvert à toutes les suggestions de la cupidité et des calculs égoïstes, contribue à doubler la prostitution, chez certaines femmes, d'une arrière-pensée spéculative... comme en d'autres pays plus civilisés.

Les mulâtresses sont d'excellentes personnes, de bonnes filles. La plupart se donnent très facilement et n'ont point tout d'abord à la bouche de ces propositions qui sentent le marché. Plus souvent qu'on ne le croit, cependant, leur désintéressement n'est que de surface et même elles savent fort bien fixer d'emblée le prix de leurs faveurs. Généralement, les prétentions sont modérées. A la côte d'Afrique, on achète une femme ou une jeune fille pour un collier d'ambre artificiel d'une valeur de 150 à 200 francs : les exigences d'une beauté cascadeuse, aux Antilles et à la Réunion, ne s'élèvent guère au delà, sous la forme du modeste mobilier qui doit être le premier serre-lien du ménage éphémère. C'est peu de chose assurément. Mais pourquoi la mulâtresse demande-t-elle un mobilier plutôt que des bijoux ou des arrhes en bon argent? D'abord, si l'union dure, la fine mouche sait bien que les bijoux et l'argent viendront d'eux-mêmes. Puis le mobilier lui laissera, en cas de rupture, le moyen d'acquérir une situation quasi régulière : grâce à *ses* meubles, elle pourra occuper une maison convenable, avoir une profession avouable ; elle se fera loueuse de maison garnie : objectif d'un grand nombre de demoiselles faciles.

A cela, mille avantages !

En cas de tracasseries de la police (improbables, mais, par éclat, possibles), on est couvert par son titre... et la patente ; car on joint ordinairement au métier de fond un tout petit commerce. On fait figure auprès des amies, moins fortunées ou plus maladroites. On multiplie surtout ses profits. Si l'on conserve au rez-de-chaussée une pièce pour recevoir l'amant préféré, qui parfois a la bourse vide, ou oublie de la consulter ; on a, au premier étage, d'autres pièces qu'on loue très cher. Les locataires d'en haut sont fréquemment des amants de réserve : s'ils sont de nouveaux débarqués, ils sont tout ce qu'on veut ! L'Européen est la meilleure vache à lait que l'on puisse espérer d'avoir jamais à traire ; on l'exploite sans vergogne, avec un air de bonne foi qui couvre les plus audacieuses combinaisons. Je me souviens encore de la formidable somme que je payai, dans un de ces garnis, d'allure cependant fort honnête, pour une petite provision de mauvais vanillon, valant quelques francs ; et j'eus la naïveté de prodiguer les plus chauds remerciments à ma propriétaire ! Depuis, j'en vis bien d'autres !

Il y a des rouées machiavéliques, qui, avant de vous admettre en leur domicile, prennent des façons de matrones presque rébarbatives, vous font subir comme un examen de moralité. Elles ne veulent pas entendre parler *de femmes !* Mais il y en a qui prétendent se réserver leur lit... dans le cabinet voisin du vôtre. Naïf moyen de rechercher possession pleine et entière d'un locataire.

De beaucoup de ces dames, en apparence complaisantes, on ne saurait trop se défier. Elles ne lâchent plus l'individu sur lequel elle ont jeté leur crampon d'abordage ; elles relancent jusque chez lui l'amant d'autrefois, qui s'est marié, et elles l'obligent au partage et de ses faveurs et de sa bourse. Dans le monde créole, cela ne tire pas trop à conséquence. Mais quand il s'agit d'Européens, surtout de fonctionnaires, la chose prend tout autre tournure. Une fille, qui avait accordé à diverses personnes de toutes les couleurs... ce qu'elle n'entendait pas conserver sans usage, accepte une liaison avec un professeur, à la Martinique ; l'amant passe à la Guadeloupe au bout de quelques mois, ne songeant qu'à profiter de l'occasion, pour rompre une chaîne déjà embarrassante ; mais l'abandonnée le suit, lui ménage en tous lieux les scènes les plus compromettantes, déclare qu'elle a reçu promesse de mariage et ne cède un peu tard en ses prétentions que devant l'intervention des magistrats. La mulâtresse, qui n'a rien à perdre, joue très effrontément et très habilement du scandale, quand elle a pris à partie un sujet obligé à le redouter ; c'est sa manière de *chantage*, à elle. Point d'effarouchements simulés, point de grands mots de vertu surprise, de dévouement méconnu, etc. : elle se donne pour ce qu'elle est et reste cyniquement *collante !*

Une note plaisante !

C'est aux colonies seulement, qu'on peut assister au spectacle hilariant d'une jolie fille, venant réclamer gravement, *à monsieur le procureur de la République*, assistance pour l'obtention du prix d'une faveur non payée !

Monsieur le Procureur,

J'ai l'honneur de porter à votre connaissance les faits suivants

Que le mardi... vers les 8 heures du soir, est venu chez moi un jeune homme nommé X..., me demander après un instant de causerie à passer avec moi un moment de plaisir en me proposant de me donner un billet de cinq francs qu'il me montra au même instant. J'avais hésité à me laisser aller à sa demande et à ses bons désirs ; mais tôt après j'y ai adhéré. Cet homme, après s'être contenté de ma personne, a profité pendant que j'étais sortie dans ma cour pour me baigner, de se retirer sans m'avoir dit un mot. Je me rends chez lui, il était déjà couché avec sa concubine. Je l'ai appelé et cette dernière vint me recevoir en ouvrant la porte : je lui demande pour X..., elle me répond qu'il n'est pas encore rentré, tandis que je l'ai vu de mes yeux se cachant en dessous dans leur cabane. Je me mis à lui exposer le fait.

Elle me répond que j'ai raison d'être venue demander mon argent à X... car la nature d'une femme est toute sa fortune et qu'elle ne voudrait pas qu'un homme lui eut fait la même chose. Elle commença à lui dire quelques paroles, il en fut fâché et s'en retira. Pendant cet intervalle, je vis sur leur table une bague d'une valeur de douze francs que j'avais déjà vue au doigt de X... toutes les fois qu'il venait chez moi, je ne pouvais supposer autre chose qu'elle lui appartienne. Je l'ai prise et j'ai dit à Mademoiselle : puisque X... ne vient pas, je m'envais avec sa bague et demain matin nous irons au bureau de police... (Là dessus, dispute : la maîtresse de X... réclame la bague comme sienne et l'autre porte plainte en raison des injures qu'elle a eu à supporter et du dommage qu'on lui a causé...)

O Paul et Virginie ! quelles senteurs s'exhalent

maintenant des bocages, où vous avez si tendrement roucoulé votre chaste idylle !

On pensera sans doute qu'avec un tel débordement des mœurs, la prostitution crée de sérieux dangers. Au point de vue social, bien certainement ; mais le moyen de l'enrayer sur le terrain des habitudes ? Au point de vue de la salubrité et de l'hygiène, moins qu'on ne l'imagine : les maladies vénériennes et syphilitiques sont beaucoup plus rares aux colonies que chez nous ; ce qu'il faut probablement attribuer à l'extrême propreté des femmes (elles aiment les bains jusqu'à en abuser, partout où coule le plus mince filet d'eau) ; cela atténue le défaut de surveillance.

On a bien essayé d'établir une répression, mais sans jamais réussir à amener d'autre résultat qu'un scandale inutile.

Un commissaire de police me donna un jour la clef de ce mystère. Le maire d'une importante localité fit arrêter une femme qui lui avait été signalée depuis longtemps comme malade et racolait ouvertement dans les endroits publics. La donzelle ne fut pas plutôt appréhendée, qu'elle se mit à hurler : pourquoi n'avait-on pas arrêté madame une telle, mademoiselle une telle, etc., etc., qui vendaient leurs faveurs tout comme elle vendait les siennes ; et si c'était un crime que de chercher des amants, combien de dames étaient aussi coupables qu'elle ! Le maire ! Mais sa mère, chacun savait ce qu'elle avait été ! On relâcha la fille et l'on s'abstint de renouveler l'expérience, dans la crainte de rendre trop bruyantes des révélations qu'on se borne d'ordinaire à se chuchoter à l'oreille.

Du reste, on ne se plaint guère, sauf au voisinage des garnisons.

Un dernier détail. Si l'on rencontre, en des familles blanches tombées dans une gêne extrême et dans cette misère d'autant plus sombre, que l'orgueil la fait taire ou dissimuler, de trop nombreux exemples de jeunes filles abandonnées au vice, presque livrées par leurs parents, il est très peu commun de voir une personne de ce sang dans les rangs de la basse prostitution. Mais celles qu'on y découvre, peut-être en raison de la rareté du fait, se montrent sous des couleurs particulièrement avilissantes. Avec la vanité de la race, elles ont perdu jusqu'aux derniers vestiges de la pudeur. J'ai souvent aperçu, dans les rues de la Basse-Terre, une de ces dégénérées, qui me soulevait le cœur de dégoût : toujours ivre, débraillée, insolente et provocatrice, particulièrement à l'égard des blancs, maintes fois arrêtée, à peine libre recommençant ses turpitudes. On la vit un matin, en plein marché, juchée sur un tonneau, retroussée sans vergogne, offrir à un nègre... ce qu'elle était toujours prête à donner à tout le monde, mais jusque-là du moins dans les cases solitaires et fermées.

* * *

Les créoles aiment tous les plaisirs qui rapprochent les sexes. C'est dire qu'ils apprécient le charme des réunions intimes où l'on fait un peu de musique, le soir, et où l'on danse, fort avant dans la nuit.

Le noir possède le sentiment musical à un assez haut degré. Il apprend vite à jouer de divers instruments (le violon et le cornet à piston ont ses préférences); mais il devient rarement un virtuose. Le piano se dresse à la place d'honneur jusque dans les cases à l'aspect misérable : comme le tapotage est de bon goût dans les familles blanches, il faut bien que les négrillonnes, plus ou moins dégrossies dans un pensionnat, promènent ainsi leurs doigts sur un clavier.

Dans le bas peuple, on est fanatique de la danse et celle-ci a conservé les caractères de son origine africaine. La *calinda* et la *bamboula* ont une saveur de sauvagerie qui ne manque pas de surprendre l'Européen. Il y a des danseuses de profession; mais toute négresse naît danseuse. C'est le dimanche, en certains endroits palissadés, mais d'accès facile, toujours flanqués d'un débit de tafia, qu'il faut aller voir ces étranges ébats. Le jour, cela passe encore. Un nègre est accroupi, tenant entre ses jambes un tambour (c'est un tronc d'arbre creux ou tout simplement un petit baril, recouvert d'une peau de chèvre ou de mouton bien tendue); il frappe chaque face avec les mains, bien en cadence, par mouvements d'abord lents, puis de plus en plus précipités. Une femme s'élance, faisant des grâces, piétinant sur place, chantonnant, claquant des mains, en mesure avec le tambourineur, puis une autre, puis une troisième et enfin toute une bande, qui se groupent par couples en se faisant vis-à-vis. Les *airs* sont monotones, les paroles incohérentes et souvent improvisées. Cela dure des heures entières, sans que personne accuse aucune fatigue, et, le soir, on recommence : les choses, grâce à la nuit et à l'absence de profanes, peuvent revêtir des façons... plus corsées. On danse la *vraie* bamboula. « Cette danse, dit Moreau de Saint-Méry, a un air qui lui est spécialement consacré et où la mesure est fortement marquée. Le talent pour la danseuse est dans la perfection avec laquelle elle peut faire mouvoir ses hanches et la partie inférieure de ses reins, en conservant tout le reste du corps dans une espèce d'immobilité, que ne lui font pas perdre les faibles agitations de ses bras, qui balancent les deux extrémités d'un mouchoir ou du jupon. Un danseur s'approche d'elle, s'élance tout à coup et tombe en mesure presque à la toucher. Il recule, il s'élance encore, et la provoque à la lutte la plus séduisante. La danse s'anime et bientôt elle offre un tableau dont tous les traits, d'abord voluptueux, deviennent ensuite lascifs. »

Les mulâtresses qui se sont frottées à diverses couches, ne se livrent pas à ces danses ou elles ne s'y abandonnent qu'à la dérobée. Elles raffolent d'ailleurs de la danse et du chant. Elles déploient, dans ces exercices, un charme délicat qui n'appartient qu'à elles. Je ne sais rien de doux et de caressant, comme cette plainte d'une pauvre fille, qui vient d'assister au départ de son amant de passage, quelque capitaine long-courrier, sans doute. Je ne puis résister à reproduire dès à présent ce petit morceau de langage créole, que tout le monde connaît, aux Antilles, sous le titre de *Chanson du consignataire* (les couplets en créole se chantent sur un rythme langoureux et triste ; le couplet en français non rimé est parlé ou chanté sur un rythme vif, pour exprimer le regret poli, mélangé d'impatience, d'un homme qui a bien autre chose à écouter que les propos désolés d'une amoureuse).

> Bonjou, missié le consignatai,
> Moin ka vini fai ou gnon petition :
> Dou dou à moin ka lé pati,
> Hélas ! hélas ! çé pou toujou !
>
> Mademoiselle, il est trop tard,
> Les connaissements sont déjà signés,

Le navire est sur la bouée,
Dans un moment il doit appareiller.

Adié foula, adié madras,
Adié graines d'or, adié colliers-sous.
Dou dou a moin ka lé pati,
Hélas! hélas! çé pou toujou!

Bâtiment là qué dans rade là,
Ka lé mené doudou aller,
Doudou à moin li ka pati
Hélas! hélas! çé pou toujou! [1]

*
* *

Le Jeu est une passion qui a coûté et coûte encore bien des larmes, aux colonies. Les blancs et les mulâtres s'y livrent dans les cercles et, à l'intérieur de ces maisons, plus d'une partie d'écarté ou de lansquenet a commencé la ruine

---

[1] Je transcris le texte de la chanson tel que me l'a obligeamment communiqué M. Gros, rédacteur du *Courrier de la Guadeloupe*. Voici la traduction des trois strophes en créole :

Bonjour, monsieur le consignataire,
Je viens vous faire une demande :
Mon cher amant va partir,
Hélas! hélas; c'est pour toujours!

Adieux foulards, adieux madras,
Adieux graines d'or et colliers de pièces de monnaie,
Mon cher amant va partir,
Hélas! hélas! c'est pour toujours!

Ce bâtiment qui est sur rade
Va emporter mon cher amant.
Mon cher amant, le voilà parti.
Hélas! hélas! c'est pour toujours.

d'une famille, donné naissance à des querelles et à des duels malheureux. Les nègres manient aussi les cartes, chez eux, dans les débits de boissons, au coin des rues. On a vu des affranchis, jadis, « hasarder leur fortune, leur femme, leurs enfants, enfin leur propre personne, et devenir par là les esclaves du gagnant, subir leur sort et passer entre les mains des blancs ». (Ducœurjoly.)

Plus dangereuse est une autre passion que j'ai à signaler, celle des liqueurs fortes, du tafia et du rhum : elle menace tous les éléments des populations d'une dégénération plus ou moins prochaine, si l'autorité n'y met ordre. En bas, on boit jusqu'à s'enivrer crapuleusement ; en haut, « pour couper la soif », sans comprendre que l'ingurgitation trop répétée des grogs au rhum mène en droite ligne à l'alcoolisme. Mon ami, le docteur Cornilliac, a jeté le cri d'alarme dans un vigoureux article, publié l'an dernier par le journal *les Colonies*. J'ai écrit moi-même ce que j'avais à dire sur ce déplorable sujet, dans mes études de criminalité créole : je n'ai donc ici qu'à mentionner l'habitude fâcheuse à laquelle prédisposent et le climat et la nature particulière des productions indigènes.

CHAPITRE IV

LES MŒURS PUBLIQUES

Deux sentiments dominent la vie publique :
Une intolérance réciproque, créée et entretenue, au sein des populations, par le préjugé de la couleur, au profit de quelques ambitions mesquines, que la vanité et la sottise transforment en partis politiques ;
Une touchante union des individualités et des catégories — les plus hostiles entre elles, sur leur petit domaine, — dans le dénigrement... et l'habile mise en coupe de la métropole.
Nos créoles peuvent s'abandonner sans retenue ni dissimulation à tous les appétits qui dérivent de cet état psychique. Ils ont pour porte-voix toujours écoutés des députés résolument soutenus par certains politiciens toujours en faveur, grâce à l'ignorance de l'opinion, à la faiblesse et à la connivence de l'administration centrale des colonies. L'hôtel de la rue Royale, ouvert à tous les genres d'influences et d'intri-

gues, a longtemps été comme la bourse des intérêts créoles : ils étaient là perpétuellement en hausse... au détriment de ceux de la marine nationale, trop fréquemment en baisse. Aujourd'hui, c'est au ministère du commerce que les intérêts coloniaux se débattent, avec le même succès que jadis au ministère de la marine.

J'aurais là-dessus trop à écrire. Je ferai donc un choix parmi les documents que je possède. Je produirai suffisamment d'observations et de faits pour justifier mes opinions, réservant, s'il le faut, pour un autre ouvrage, ceux que je ne publie pas dans ce livre.

* * *

Dans les premières faveurs que la Révolution accorda aux classes opprimées, les noirs ne virent que l'assurance d'une liberté illimitée et la satisfaction de leurs convoitises grossières. L'on assiste alors aux scènes les plus étranges. Les affranchis, enrôlés sous les drapeaux de la République, ne songent qu'à se livrer au jeu et à la danse, avec fureur ; « ils se rendaient sur les habitations par escouades et se faisaient livrer des cannes et du vesou (gros sirop) ;... dans les marchés, ils exigeaient qu'on les servît avant tous les autres citoyens », et, chargés de maintenir l'ordre, ils ne provoquaient partout que contestations et rixes (Lacour). Mais les

noirs non soldats sont obligés de demeurer sur
leurs paroisses et de cultiver le sol. Le désenchantement se manifeste et les mulâtres l'exploitent pour satisfaire leur haine irréconciliable
contre les blancs : ce sont les blancs maudits,
qui s'opposent à l'affranchissement des esclaves,
décrété par l'Assemblée nationale et la Convention; ils veulent, sous le régime nouveau, continuer les vexations d'autrefois. Et les révoltes
d'éclater, féroces et sans merci. Surviennent les
événements de 1848. Les incendies et les pillages
recommencent au cri de : *mort aux blancs;* on
refuse d'écouter la voix conciliatrice de l'honorable Bissette et même on accuse de trahison
cette victime de l'iniquité de la caste aristocratique. Les gens de couleur sont pourtant bien
émancipés cette fois ; mais leurs sentiments ne
se modifient point. Ils ne songent pas à faire
œuvre de politique, ou plutôt, pour eux, la
politique consiste à humilier, à annihiler les
blancs. Typiques, à cet égard, sont les anecdotes récemment racontées par Gaston Jollivet,
sur les députés nègres Louisy Mathieu et Mazaline, protégés de Schœlcher. Ce sont deux parfaites nullités ; mais ils sont convaincus de leur
supériorité,... parce qu'ils sont nègres. Le premier avise un jour, sur le boulevard, un décrotteur et l'invite impérieusement à lui cirer les
bottes : *Regades ! tu es un blanc, moi un noi,
et c'est toi le blanc, qui te coubes pou cirer les*

bottes de moi. Le second, au cours d'une discussion à la Chambre, eut cette exclamation : *Moi dis : tous les nègues sont bons, tous les blancs sont messants*. Actuellement, les choses ont-elles beaucoup changé ? On aurait grand tort de le croire [1].

Pour les nègres, tout ce qui est l'occasion d'un tapage ou d'une réjouissance est la plus claire démonstration de l'excellence du régime politique. La fête du 14 Juillet et celle de Schœlcher, leur apôtre et leur patron, qui la suit de très près (la Saint-Victor se célèbre le 21 juillet), leur permettent de traduire très naïvement comment ils entendent la République et comprennent sa devise [2]. Des bandes dépenaillées courent les rues, s'arrêtant à chaque cabaret, vociférant leurs appétits. A la Basse-Terre, c'est une négresse qui s'écrie : *Répiblique, ça ka veut di tué tous blancs*; puis, une autre fois, un jeune homme qui en abat un autre d'un coup de revolver...

---

[1] On a oublié, aux colonies, ces paroles fort sages d'un homme qui a cependant laissé une réputation de violent agitateur, Pory-Papy : « La conciliation, aux colonies est une nécessité sociale, mais ce n'est pas dans l'urne du suffrage universel, que la conciliation est possible : c'est dans les travaux des champs et de l'usine, c'est dans les relations commerciales et privées, et sans intermédiaire officiel et politique, que la conciliation aura lieu. » (Plaidoyer dans l'affaire dite de la Gabarre, cour d'as. de la Basse-Terre, 21 juin 1850.)

[2] Ils doivent la connaître : comme chez nous, on l'inscrit sur les murailles et, de plus, M. le sous-secrétaire d'Etat aux colonies de la Porte a ordonné qu'on la mît en tête de toute lettre de service, ingénieux moyen de former le cœur... et la main des jeunes commis aux écritures qui pullulent dans les bureaux des diverses administrations officielles.

et n'est point arrêté (1884). Et ces licences sont si bien reçues, que j'ai recueilli, à la Pointe-à-Pître, ce mot bien caractéristique d'un agent de police, surprenant un nègre en train de fouiller la poche d'une dévote, à la procession de la Fête-Dieu : *Vous vous trompez de jour, ce n'est pas la fête du 14 Juillet.* Autre écho, que j'emprunte à un journal schœlchérien :

« La Baie Mahault, malgré sa grande pénurie, allait fêter brillamment le 14 juillet. Les amusements de toutes sortes allaient bon train, quand un incident malheureux en interrompt le cours... » Un pauvre diable, du nom de Syracuse, s'imaginant que les autorités devaient lui payer à boire, va demander *un sec* (un verre de tafia) à M. le secrétaire de la mairie, lui-même occupé à trinquer avec le brigadier de gendarmerie et son subordonné. Syracuse insiste, le secrétaire se fâche et finalement le livre aux gendarmes. Le prisonnier paraît sur la place.

« La foule s'indigne à la vue d'un pareil spectacle, et le sujet de l'arrestation étant bien connu, quelques jeunes gens se crurent dans le devoir de réclamer la délivrance du malheureux. Mais les réclamations faites dans les termes les plus polis sont quand même rejetées et la procession criminelle se dirige rapidement vers la prison. Arrivée là, la victime allait être sacrifiée, quand elle fut entourée de tous, hommes, femmes, enfants, les uns suppliant, les autres pleurant. Déconcertés, affaiblis par les cris d'indignation poussés contre eux, le commissaire adjoint et ses deux gendarmes lâchèrent leur proie ; alors, comme si l'on venait de remporter une victoire sur la tyrannie, toute la foule cria : *Vive la liberté !* »

On n'en peut trop vouloir aux nègres de leurs

écarts : ceux qui *fêtent* ainsi la République sont gens de bas peuple, dépourvus d'instruction. Mais c'est précisément pour cela qu'on n'a pas à ménager les sévérités à ceux qui, plus intelligents, instruits, en bonne situation sociale, les poussent dans une voie dangereuse. Quelques mulâtres accomplissent cette œuvre, que favorise inconsciemment Schœlcher, en protégeant tous les individus qui se targuent auprès de lui de leur couleur, sans distinguer entre leurs aspirations réelles et factices. C'est en effet sous l'égide et presque au nom du *vénérable* sénateur[1], qu'on se réunit pour lancer de temps à autre certaines insinuations perfides, que des fonctionnaires, couverts par le maître, prennent impunément la parole en ces réunions, rappelant aux noirs, non pas les devoirs qui leur incombent avec la liberté politique, mais les misères et les tortures d'autrefois, qui ravivent les haines. De l'attisement des plus mauvaises passions, vivent maints personnages, au nez et à la barbe des hommes honnêtes et de réflexion ; leurs mensonges sont acceptés comme des vérités, applaudis même par une poignée de politiciens de la métropole, qui s'imaginent représenter, après les Richelieu et les Colbert, « une école coloniale ! »

---

[1] Ce fut aux cris de *Vive Schœlcher et Perinon* (Perinon était un mulâtre distingué, sorti de l'École polytechnique et qui abandonna de bonne heure l'armée pour la politique) que l'on conspua Bissette, devenu l'apôtre de la conciliation après les événements de 1848.

Ecoutez ce beau discours d'un magistrat très coloré, au banquet du quatre-vingt-unième anniversaire de V. Schœlcher :

« Messieurs et chers concitoyens, nous sommes aujourd'hui réunis pour continuer l'usage établi parmi nous depuis quelques années, de célébrer, en même temps que l'anniversaire de l'abolition de l'esclavage, celui de la naissance de l'homme illustre et vénéré, du grand citoyen qui a été le promoteur, le véritable auteur du décret d'émancipation. Ce que ce mot d'esclavage rappelle de souffrances, de tortures morales et physiques, d'humiliations pour toute une race, mise pendant des siècles hors de l'humanité et plongée durant ce temps dans la plus dégradante abjection, je n'ai point à vous l'apprendre. Fils, petits-fils ou descendants d'esclaves, vous avez tous certainement, ou entendu raconter, par les survivants de cette époque néfaste, les horreurs de la servitude dans nos colonies, ou lu tout au moins les récits émouvants du long martyre de nos frères dans les contrées voisines ! Si je rappelle ces souvenirs, ce n'est point dans le but injustement prêté à quelques-uns des nôtres de servir je ne sais quelle triste ambition, en entretenant parmi nos populations un prétendu antagonisme de races... »

Comment donc ! c'est là un exorde tout de conciliation, bien en rapport avec les propos et les actes de chaque jour, dans un certain clan, qui ne prêche que le désintéressement et l'union par la discorde. De telles paroles ont un retentissement bruyant, dans un sens que l'on n'a garde d'ignorer. Pourquoi le prononcerait-on, si on estimait qu'elles fussent inutiles ?

Cependant, et cela est fort heureux, tous les noirs ne sont pas dupes de cette éloquence, dont le brillant de pacotille dissimule assez mal le venin. Presque en même temps que le haut fonctionnaire, auquel je viens de faire allusion, prononçait son discours-programme, un humble, devenu conseiller général par le suffrage des hommes de sa couleur, rappelait ainsi ses frères à la concorde (le langage n'est peut-être pas d'une correction très pure ; mais il émane d'un cœur honnête et bien français, ce qui vaut infiniment mieux) :

« ..... Ce grand élan vers la fraternité, la paix et la solidarité entre tous, que les patriotes de nos jours ne cessent de prêcher, autant dans la métropole comme dans les colonies, nous assure qu'au fur et à mesure les libéraux, les républicains sincères et convaincus verront toujours avec joie et satisfaction la consolidarité, la justice et l'équité, qui nous manquaient dans nos colonies avant 1848 et 1870... Oh ! saluons avec respect et reconnaissance cette délivrance qui honore le gouvernement provisoire de 1848 et la glorieuse France, qui nous dirige, dont nous sommes fiers, de cœurs et d'âmes, d'être appelés Français comme nos frères de la métropole... C'est l'abolition d'un temps odieux. Jetons un voile d'oubli sur un passé très éloigné à ne jamais revenir dans le monde, pour l'honneur de la civilisation moderne, car nos concitoyens qui ont atteint l'âge de 37 et même 40 ans ne l'ont pas vu et ce n'est pas en réveillant une vieille cendre déjà éteinte, que nous arriverons à nous estimer. Ce que nous demandons dans notre pays, c'est de l'entente, la confiance réciproque, et là sera sûrement l'abolition des préjugés. »

Oui, c'est l'entente par l'abolition des préjugés, qui redonnerait l'essor à nos vieilles colonies, et il me plaît de montrer cette idée nettement formulée (et sans arrière-pensée) par un noir intelligent. Parmi ces braves gens, souvent pauvres d'instruction, mais non pas de bon sens, il s'en rencontre plus d'un qui voit clair et parle franc. Ils comprennent que leur émancipation est désormais à l'abri de toute tentative réactionnaire et qu'ils ont moins à redouter des blancs, leurs anciens maîtres, que des mulâtres, ardents à saisir la suprématie. Ils le disent aux élections. Si leurs voix ne l'emportent pas sur les menées de la coterie, au moins ne sont-elles pas étouffées. Un pauvre ouvrier écrivait au rédacteur du *Courrier de la Guadeloupe*, au mois de septembre 1885, pour appuyer la candidature de Davis David, un noir partisan de l'union de ceux de sa race avec les blancs :

« Daignez me placer dans un petit de votre journal. Long-temps mon opinion n'a jamais valié au consort, par ma position malheureuse et ouvrière. L'obligation la plus familière est de me soumettre à toutes les classes particulièrement à celle qui m'a toujours protéger et désire ma vie. Je suis véritablement l'électeur de Davis David. Si l'on me demande la raison, je répondrais que l'homme répond à celui qui a jeté la première pierre, que ma compréhension égale la sienne, sans conter la pratique qui forme mon avenir. Je sais bien que les ouvriers ne savait pas parler français, mais permettez-moi de dire en termes que je connais très bien.

« Nègre noi, c'est yo qui plù sotte ; yo ca voté pour mulâtre, yo pas jamais tini place (Le noir, il n'y a pas d'être plus sot ; ça vote pour le mulâtre et ça n'a jamais place à rien).

« Alors voté pour blanc et nègre, yo pencé metteri jamais gnon negre au pouvoi (Alors votez pour un blanc et un nègre ; vous pensez bien qu'on ne mettra jamais un nègre au pouvoir).

« Pou moin plus sotte ca gardé canotte (Pour moi le plus sot est celui qui garde le canot)...

« D'abord mulâtre pas aimé voué negre tini place, moins ca songé gnon negre qui tai tini gnon petit place, yo fai li perdre, li ça pas dou être fai li plaisi ; même moin connaître mulâtre ca faire perdre place à yo... »
D'abord le mulâtre n'aime pas à voir un nègre en place. Je me souviens d'un nègre qui avait une petite place qu'on lui a fait perdre ; ça ne lui a pas fait plaisir, et même je connais le mulâtre qui lui a fait enlever sa place. Le mulâtre, ça fait perdre leur place aux gens [1]).

Ces sentiments ne trouvent que trop souvent l'occasion de se manifester. Un mulâtre, homme à l'esprit acerbe, enfiellé et vaniteux, conseiller général et rédacteur d'une petite feuille aussi hostile au noir qu'au blanc, sous la couleur d'un républicanisme avancé, demande le concours de la musique municipale, pour un bal qu'il veut donner chez lui, je ne sais plus à quel propos. Cette musique, formée par des noirs, est dirigée (non sans talent) par un perruquier-amateur, qui consent à venir dans les salons du fonctionnaire, mais à la condition d'y être appelé

[1] Pièce communiquée par M. Gros.

comme invité. Notre mulâtre ne peut taire l'indignation qu'il éprouve de cette prétention d'un nègre, homme de rien : il s'attire séance tenante un magnifique coup de poing, et, le lendemain, il a tout le temps de méditer cette lettre, qui peint assez curieusement l'état... des relations entre nègres et mulâtres :

« Sous M..., la feuille républicaine dégénère peu à peu et devient une nullité complète. Son rédacteur, au lieu de protéger et de défendre les républicains, se plaît à les combattre, à les critiquer, à les insulter. D'abord nos plus honorables compatriotes... (des noirs) sont des *inconnus* et leurs actes sont des *insanités*... Mais pour abréger laissons de côté mille autres faits aussi répugnants... et arrivons à nos estimables musiciens. O étonnement ! Ils sont indignes de jouer sans salaire et de danser alternativement une polka et une valse : il faut qu'ils soient rétribués et qu'ils ne puissent pas, par conséquent, faire figure avec la sœur de M... »

Jamais un nègre n'eût songé à adresser, dans une famille blanche, la demande que le chef de la musique municipale avait trouvé fort naturel de formuler dans une famille de couleur. Mais le nègre ne peut se faire à l'idée d'un mulâtre valant mieux que lui, ni un mulâtre à celle d'un noir apte à l'égaler. De là un des côtés du préjugé de la couleur et non le moins piquant... aux yeux de l'observateur européen.

*
* *

Combien sont mal venus, après cela, messieurs de la teinte mixte, à rejeter sans cesse sur les blancs une division dont ils sont les premiers à profiter... et qu'ils entretiennent, malgré qu'ils simulent de beaux emportements en déclarant le contraire. Je ne veux pas dire que les blancs soient exempts de tout reproche et qu'ils aient entièrement dépouillé les vieux sentiments de leur race vis-à-vis du monde de couleur. Mais je prétends que, chez eux, le préjugé est plus que tempéré par une inclination réelle vers le *vrai* noir, tandis que le mulâtre reporte à la fois ses vanités et ses haines et contre le noir et contre le blanc. Nos colonies, sous ce rapport, en sont exactement au même point qu'autrefois, avec cette différence que l'influence du blanc s'est effacée devant celle du mulâtre, et qu'il semble que la situation soit arrivée à une sorte d'acculement sans espoir de sérieuse amélioration.

Eh bien! je n'hésite pas à le dire, avec une conviction sincère, ce malheureux état des esprits est dû, en très grande partie, à l'influence de Schœlcher.

Cet homme éminent a bien fait de demander l'émancipation des noirs et de défendre l'égalité politique des hommes de couleur. Mais il a agi sans discernement, en provoquant l'exclusion de l'élément le plus vigoureux, le mieux doué pour la direction collective et le plus susceptible de rendre à nos colonies leur ancienne prospérité, exclusion qui aboutira fatalement à l'extinction dans un avenir prochain : l'on assistera ensuite, comme à Haïti, à l'absorption du mulâtre par le nègre et au retour de celui-ci vers une semi-barbarie (sinon à une barbarie complète).

Curieuse figure, que celle de l'apôtre et digne de fixer l'attention. Janus (du Figaro) en a esquissé une silhouette, pleine d'humour (1er avril 1882).

« Grand, maigre, la figure tout en pointe, les oreilles pointues et détachées, le nez long, crochu et pointu, le dos pointu et bossu, la peau de la figure jaune et tirée dans le sens de la longueur, avec de petits favoris blancs taillés aux ciseaux, trois ou quatre lignes dures de cheveux rares sur un crâne pointu. Un diable de pacotille que vous avez vu représenté sur la couverture des *Français peints par eux-mêmes*, vers 1844. Et tout de noir habillé, sévère, austère, le pantalon noir à la houssarde, une redingote spéciale froncée sur la hanche, le petit collet d'un faux quaker et d'une propreté gênante. Car ce philanthrope, lorsqu'il est frôlé dans la rue par un ouvrier salissant, entre aussitôt dans une pharmacie pour s'inonder d'odeurs, et considère la Commune comme un grand événement, pendant lequel on l'a empêché de se laver les mains durant vingt-quatre heures. Très poli, froid, désagréable, affecté, donnant l'idée, quand il parle, d'un parent brouillé dans une famille de gens bien élevés, ayant en lui une pose qui lui est constitutionnelle et qu'il rend plus insupportable encore par ses prétentions excentriques à la simplicité. C'est ainsi qu'il ne met jamais d'habit pour être simple, et qu'il se fait précéder, quand il dîne en ville, de sa théière et de son domestique. Il ne lui faut pas trois espèces de vins à son dîner, comme aux autres, et il ne fait pas un tas d'histoires. Il envoie devant lui sa théière — parce qu'il est simple.

« Victor Schœlcher est né en 1804, l'année même où les nègres vainqueurs proclamaient l'acte d'indépendance d'Haïti. Comme Agathocle, il était le fils d'un potier, c'est-à-dire d'un riche marchand de porcelaine, établi, il y a une cinquantaine d'années, au coin de la rue Drouot et du boulevard. Le père n'eut pas trop à se louer de mettre son fils à la boutique, » et le jeune Schœlcher quitta de bonne heure le commerce pour la politique et les voyages. Il se jeta dans le parti républicain, visita les Etats-Unis et Cuba, et en rapporta, chose tout à son honneur, une haine indomptable contre l'esclavage.

« M. Schœlcher s'est fait en ce genre une telle célébrité, qu'après une conférence faite par lui le 27 juillet 1879, aux Folies-Bergères, et consacrée à la glorification de Toussaint-Louverture, son ami, M. Ernest Legouvé (qu'on retrouve partout à point) proposa, dans son enthousiasme, à l'assemblée, de terminer la séance en appelant M. Schœlcher — *Schœlcher-Louverture* [1] ! »

La philanthropie noire a été « la plus douce manie » de V. Schœlcher. Elle serait en elle-même fort louable, si elle révélait dans ses formes plus d'intelligence et moins d'aversion entêtée contre le créole blanc. J'ai entendu affirmer, aux Antilles françaises, que l'origine de cette aversion ne reposait pas uniquement sur les tristes souvenirs des tyrannies de l'ancienne caste aristocratique, mais qu'il s'y mêlait un peu de ressentiment tout personnel.

Quoi qu'il en soit, Schœlcher est l'oracle, toujours en honneur, bien qu'un peu vieilli, auprès duquel les gens de couleur viennent prendre ou faire semblant de prendre le mot d'ordre. On a beau chercher à déguiser le sens de celui-ci, il n'échappe qu'aux aveugles ou aux observateurs qui ferment, de parti pris, leurs yeux et leurs oreilles : c'est la substitution du mulâtre au blanc.

Il n'y a point de vexations qu'on n'imagine contre les planteurs, point de mesures arbitraires qu'on ne décide pour achever leur ruine : la France laisse faire et les persécutés en sont pour

---

[1] On sait que, depuis cette époque, M. Schœlcher a publié une histoire de son héros. Cette histoire, très indigeste, est moins encore un panégyrique outré des nègres, même personnifiés en ces types de coquins qui s'appellent Dessalines et Christophe, qu'une longue diatribe contre les blancs.
Pourquoi M. Schœlcher n'a-t-il point établi ses pénates au milieu de ses chers frères et amis ? Il eut été à même de les mieux connaître.

leurs doléances inutiles. Un récent article du *Propagateur de la Martinique* (8 janvier 1890) résume bien la situation.

Des cent soixante mille Français qui habitent la Martinique, il est un groupe, quelques milliers de personnes, dont la situation est vraiment singulière. Descendants des fondateurs de la colonie, ils en ont géré les intérêts jusqu'au moment, où, en 1870, l'application du suffrage universel est venue leur enlever la direction des affaires publiques. Sans récriminer, ils ont quitté la place ; ils se sont volontairement effacés, pour reporter sur l'exploitation de leurs terres et la fabrication du sucre tout le surplus de leur activité. Des chemins de fer faits de leurs seules ressources, des usines créées par eux, couvrent aujourd'hui le pays et en assurent l'existence. Tout l'édifice économique repose sur eux ; 30,000 travailleurs ruraux et leurs familles en dépendent, comme en dépendent aussi les recettes du budget. Tout le pays vit d'eux. Ils alimentent le commerce, l'industrie, la marine. Propriétaires de la plus grande partie du sol, ils sont, dans ce pays agricole, la providence de tous. Il semblerait que des citoyens aussi sages, des hommes aussi utiles, aient droit à quelques égards. Ils ne demandent que la tranquillité, on leur déclare la guerre. Il est ici, en effet, des gens animés contre eux d'une haine jalouse ; qui ne cessent de les désigner à tout propos comme l'ennemi, ne songent qu'à déchaîner contre eux les colères et l'envie, qui prennent pour devise et affichent pour programme, leur ruine. Ce n'est pas là de la métaphore. Ce n'est pas de l'exagération (et l'auteur de l'article cite en effet, à l'appui de ses paroles, une déclaration fort cynique du journal *la Petite France*, où les Blancs propriétaires sont offerts en pâture aux gens de couleur, sous le titre de parti de la *réaction*). La Réaction ! c'est le nom sous lequel on désigne, plus habilement qu'honnêtement toutefois, cette catégorie si éminemment utile des habitants de la Martinique. Et que lui reproche-t-on ? De s'ingérer dans les affaires du pays, de chercher à faire triompher ses idées, ses candidats ? Aucunement... (La réaction se tient en dehors de la politique ; elle n'est rien et ne veut rien être sur le terrain de celle-ci.) Elle n'a qu'un tort. Tandis que ses adversaires échangent l'injure et l'outrage, rivalisent de violence, se prodiguent la honte [1] et n'enfantent que stérilité et confusion, elle, elle travaille. Elle fonde, elle crée, et son labeur fécond répand autour d'elle le bien-être et l'aisance.

C'est là une insupportable supériorité. Cette *puissance*, que la réaction tient de sa fortune, on pouvait l'acquérir. (Les moyens n'en ont jamais manqué aux nouveaux maîtres. Des habitations ont été vendues, dont ils disposaient à leur gré ; d'autres, en plus grand nombre, restent incultes entre leurs mains ; ils n'ont rien su faire pour la prospérité du pays : mais ils trouvent mauvais que d'autres l'assurent et ils prétendent détruire l'œuvre des

---

[1] Pour se convaincre du bien-fondé de ce reproche, lire *les Colonies*, journal que l'on prétend dévoué à M. le député Hurard, et *la Petite France*, qui défendrait les opinions de M. le député Desproges. On y verra ce que les jalousies peuvent engendrer d'aménités entre mulâtres, occupés à tirer chacun vers soi les grosses parts du gâteau politique. Un protégé de Schœlcher, directeur de l'intérieur, M. X... (peu intéressant, je l'avoue, mais non moins que beaucoup de ses critiques), a surtout eu à essuyer un feu roulant d'invectives inouïes ; les épithètes de *scélérat*, de *serpent jaune*, etc., lui sont prodiguées par ses frères en couleur. On l'attaque jusque dans son honorabilité familiale, et quand il s'adresse au parquet pour réprimer ses diffamateurs, ceux-ci osent écrire (*les Colonies*, du 29 janvier 1890) : « Où peut-on trouver la preuve d'un fait, non pas injurieux, mais diffamatoire, dans ces mots : M. X. (le nom est en toutes lettres), qui laisse mourir son père de faim dans l'ancienne écurie du Vauclin ? Où peut-on encore faire cette preuve dans ceux-ci : M. X..., si difficile à payer les dettes honteuses de sa famille ? Y a-t-il là un délit de diffamation nettement caractérisé ? Ne sont-ce pas là de simples assertions injurieuses, sans doute, mais non diffamatoires ?... » Quel sens moral !

vrais travailleurs.) Partout ailleurs qu'aux colonies, on pourrait ne pas se préoccuper de ces idées d'énergumènes. Mais ici la situation est tout autre. Le pouvoir est le plus souvent entre les mains de tels furieux et nos institutions sont telles qu'elles les rendent tout-puissants pour le mal. Ce programme de destruction et de ruine, nous l'avons vu déjà appliqué ; et si ces implacables envieux n'eussent pensé que la crise sucrière suffisait à nous ruiner ; si des divisions intestines ne fussent venues les paralyser, c'en serait fait aujourd'hui du pays agricole. Ce parti fut le gouvernement hier ; il peut le redevenir demain. N'est-il pas vrai que la situation de ceux qui ont pour mission de maintenir le bien-être général de la colonie par l'agriculture et l'industrie est particulièrement délicate et périlleuse ? De telles explosions de haines sont si fréquentes, et il est tellement dans la nature humaine de se familiariser avec un danger constant, que nous n'y prêtons plus guère d'attention. Il nous a pourtant paru utile, cette fois, d'en faire ressortir la netteté et la violence. Il est bon, à l'aurore d'une Chambre nouvelle, élue par le pays fatigué de désordres, dans un esprit de conciliation et de travail, que les gouvernants issus de cette Chambre sachent qu'à la Martinique, il existe des hommes qui s'imposent pour unique mission le travail, d'autres qui adoptent pour programme la destruction et la ruine de ceux-là.... »

Mille événements, grands et petits, sérieux et burlesques, démontrent chaque jour l'hostilité systématique du mulâtre au pouvoir, contre le blanc dépouillé de toute attribution officielle. Tantôt ce sont des droits locaux excessifs ou iniques, dont on frappe les produits de la grande culture ; tantôt des provocations plus directes ou des insinuations perfides, qu'on dirige contre les planteurs les plus en vue. Puis les attaques à coups d'épingles... auxquelles se mêlent quelques méchancetés... drôlatiques.

A la Martinique, un directeur de l'intérieur a l'idée de se faire photographier au milieu de son personnel. C'est un blanc ! Il ne pouvait longtemps demeurer en place. Le cliché n'est pas plutôt tiré, qu'arrive un autre directeur, bien teinté celui-là, comme il fallait s'y attendre : on demande au photographe de vouloir bien *corriger* son épreuve, ce qu'il déclare impossible ; puis on invite à une nouvelle séance le personnel, qui, pour diverses raisons, montre quelque esprit d'opposition. Aussitôt Schœlcher de lancer ses foudres et de crier haro sur ces blancs, toujours empressés à blesser la juste susceptibilité des douces et innocentes personnes de couleur [1] !

Les gouverneurs doivent être triés sur le volet, au gré du tout-puissant politicien. Si le choix tombe sur un blanc, c'est que l'élu n'a plus à faire ses preuves de fidélité au maître : son *purisme* est à l'abri de tout soupçon. Il reçoit la bénédiction... et les instructions du vénérable, part content à la pensée des émoluments qu'il va toucher [2] et des senteurs grisantes pour sa

---

[1] Voir le *Rappel* du mois d'août 1885.

[2] Ils représentent une fort belle ration pour les gros appétits : M. Etienne, le dernier sous-secrétaire d'Etat aux colonies, vient de porter le traitement des gouverneurs en activité à 25 et 30,000 francs selon la classe, avec 20,000 francs de frais de représentation à la Martinique, à la Guadeloupe, et à la Réunion.

vanité qu'il va respirer. Il débarque au milieu du faste militaire, qu'il affecte de dédaigner (malgré qu'il l'ait ordonné à l'avance) et, l'air bon enfant, d'emblée prodigue les chaleureuses poignées de main à la petite coterie de colorés qui l'attend ; d'emblée aussi il se met à dos, par quelque maladroit discours... de bienvenue, une fraction notable de la population. Qu'importe ! On marche appuyé sur les forts, on s'abandonne au parti de la couleur, le seul honnête, le seul digne d'être écouté. L'on est prôné par celui-ci et l'on boit à grands coups le lait de ses louanges hyperboliques, dans les réunious de loges, aux cérémonies publiques, partout où les beaux discours trouvent l'occasion de s'étaler. Et même, quand on a réussi à capter la confiance, au prix d'une immolation de ces pauvres blancs, créoles... et Européens, quelques-uns les amis d'hier ! on a la satisfaction de recevoir, devant une foule enthousiasmée, les compliments rimés d'un vétérinaire, qui, souffrant d'une entorse, a poussé le dévouement jusqu'à se faire porter, à âne, au pied de la tribune officielle, pour réciter son ode dithyrambique, en équilibre sur un pied (*absolument authentique*) :

Gloire à vous, qui, venant vous placer à la tête
De notre comité [1], assurez à la fête
Cette solennité, qui, toujours, Gouverneur,

[1] Il s'agissait d'un concours agricole et d'une fête hippique.

Sera chère et très douce à tous ceux dont le cœur
Vibre, hélas ! quelque peu, pour le bien du pays.
Gloire à vous, qui primez le travail de la terre,
    Vous, vrai républicain,
Qui, lui donnant la main, votre aide, dites : Frère,
    Au fils de l'Africain !
Oh ! vous qui nous voyez, oui, à la gêne en proie,
Nous traitez en ce jour si généreusement,
Parmi tant d'ennemis, nous donnez quelque joie,
    Croyez à notre gratitude.
Ce plaisir passager, par le public goûté,
Grâce à votre sollicitude,
Consolidera fort notre fraternité !
Ce sont là mes souhaits et mon remerciment.

Mais bientôt grondent les orages. Les blancs se fâchent et ils ont la riposte vive. Leurs journaux mettent le doigt sur les points faibles, constatent le flagrant délit de politique mensongère et traîtresse :

« Nous sommes en mesure d'affirmer, nous affirmons :
« Que le dimanche... à la mairie de..., en présence du commissaire de police, du maire, du conseil municipal, de plusieurs employés, soit en tout d'une trentaine de personnes, le Gouverneur a prêché la discorde civile et excité les hommes de couleur et les noirs à la haine des blancs créoles, qu'il leur a représentés comme leurs pires ennemis ; qu'il les a encouragés à exclure cette catégorie de citoyens de partout, et à travailler, de tous les moyens en leur pouvoir, à leur ruine. La violence de ces inqualifiables discours a été telle, sur ce point, qu'un des assistants a fait la remarque, qu'il fallait que la population fut bien douce ou qu'elle comprit bien peu ce qu'on venait

de lui dire, pour ne pas se livrer immédiatement aux derniers excès...

« Qu'il fallait détruire la canne, la plante aristocratique, et se refuser à la travailler... » etc., etc.

Opère-t-on un mouvement de retour à la conciliation? Un Européen de l'école shœlchérienne ne le saurait risquer lui-même, sans encourir aussitôt les défiances du parti tout entier. Qu'il prenne garde alors ! Dans sa vie privée, comme dans sa vie publique, des regards soupçonneux et malveillants l'épieront. Blancs et mulâtres dirigeront contre lui leurs traits les plus envenimés et ni les concessions, ni les bassesses ne le sauveront de la déroute... et du rappel.

Il n'est guère de gouverneurs d'aujourd'hui qui n'offrent un côté vulnérable. Ce n'est point parmi des hommes élevés au gré du favoritisme et du sectarisme, qu'on a chance de rencontrer des natures impeccables. Aux colonies, où tout se voit, tout se sait et se répète, où l'on brode avec une incroyable facilité, sur le plus léger canevas, les récits les plus fantastiques et où la réputation la plus nette a peine à se défendre contre la diffamation systématisée, les privilégiés de la rue Royale et d'ailleurs n'ont, pour la plupart, un appui, que dans la faveur éphémère de leurs administrés. Celle-ci fléchit-elle ? Les pauvres hères laissent voir à nu beaucoup de choses assez vilaines.

Je ne remuerai pas ces choses-là.

Je n'apprendrais rien qu'elle ne connaisse aussi bien que moi, à cette excellente administration centrale, et, en faisant le silence sur les peccadilles et les gros péchés de nombre de ses créatures, j'ouvre peut-être à quelques-unes la porte de la résipiscence.

Et, en effet, il semble déjà que des pas retentissent sur le chemin de Damas. Je crois du moins entrevoir un heureux changement dans certain aveu échappé à la grande feuille opportuniste (*République française* du 2 août 1888), à la suite de la mésaventure d'un gouverneur de ses amis. J'enregistre cet aveu avec joie : « Il n'est point de bonne administration possible, aux colonies, si l'on n'assure aux gouverneurs à la fois l'indépendance et la sécurité... Les gouverneurs n'ont, en général, trouvé dans les ministres dont ils relèvent, ni des guides sûrs et constants, ni des soutiens justes et fermes. Mais bien évidemment, ce n'est pas parmi les ministres que se rencontrent les pires adversaires, ni même leurs adversaires accoutumés : c'est surtout parmi les députés des colonies... Un gouverneur, si imposant que son titre et son autorité paraissent à ses subordonnés, humbles et tremblants, un gouverneur n'est qu'un fantoche aux mains du député de la colonie : et je dis le mieux noté des gouverneurs, en face du député le plus novice. Nous en avons malheureusement vu des exemples. Certains ont même été si scandaleux, qu'à coup sûr l'institution de la représentation des colonies n'aurait pas dû y survivre... » (J. Chailley[1].)

* * *

Il faut tout dire.

Aucun gouverneur métropolitain, sous le régime actuel, ne tiendra longtemps dans nos pays créoles[2]. Ces pays veulent des hommes de leur crû, seuls capables d'accommoder les rivalités locales à une sauce d'intérêts communs, dont la mère-patrie fournira tous les ingrédients. Nègres, mulâtres et blancs s'associent dans les mêmes élans de plaintes, de reproches et quelquefois d'invectives, à l'adresse de cette France, qui *ne fait pas assez* pour les plus dévoués de ses enfants !

---

[1] La *République française* omet une réflexion que je ferai pour elle. Oui, l'autorité est nécessaire dans tout état social, dans tout gouvernement. Mais il lui faut une base et cette base c'est la *Respectabilité* chez ceux qui l'exercent. Je n'entends pas ce mot dans le sens unique de l'honnêteté, mais encore dans le sens de la capacité qui s'impose. Ce n'est pas du favoritisme que peuvent sortir des gouverneurs solides contre les critiques et les attaques, inébranlables contre les influences jalouses et rivales.

[2] La Martinique a fait depuis cinq ans, une étonnante consommation de gouverneurs : après M. Allègre, si longtemps exalté, M. Grodet, qui a passé comme un météore, puis M. Merlin, qui n'a guère tardé à accumuler sur sa tête les colères et les invectives de ses doux administrés. Les mulâtres ont enfin un des leurs à la barre, l'ex-député Germain Casse : la barque est déjà rudement secouée et le pilote assez malmené. Dans le parti de couleur, il y a toujours deux coteries en présence, pour le moins, et il n'est point aisé de les accorder : le gouverneur sert d'enclume, tantôt à l'une et tantôt à l'autre ; le petit jouet de tac-tac, qui amuse les enfants, servirait bien d'emblème à sa fonction !

Les créoles ne participent à aucune de nos charges. Mais ils nous disputent avec acharnement toutes les situations avantageuses, tous les bénéfices alléchants, et cela jusque chez nous. Ils prétendent tirer tout à eux et ils gagnent souvent de belles parties à nos dépens, lorsqu'ils confient leurs intérêts à des hommes sortis de leur sein, doués d'intelligence et d'intrigue, comme ils en comptent beaucoup. On pourrait presque dire qu'avec M. de Mahy, les Bourboniens ont réussi à s'annexer Madagascar, grâce à notre argent et au sang de nos soldats[1]. Qui sait si M. Gerville-Réache n'a pas rêvé à une annexion pure et simple de cette pauvre France à la Martinique et à la Guadeloupe! En attendant, ce petit monde s'agite, ne dissimule guère ses appétits, et malgré, qu'on lui donne de quoi les satisfaire, n'est jamais content.

Dans le système en vigueur, qu'elles affectent d'appeler un système *blessant* d'exception, les populations créoles votent et répartissent elles-mêmes leur impôt. La part de contribution budgétaire, qui, pour nous autres métropolitains, équivaut individuellement à 84 fr. 90 ou à 34 journées de travail, le taux moyen de la journée de manœuvre étant de 2 fr. 50, se réduit à des chiffres singulièrement bas, dans nos

---

[1] La Réunion a fourni quelques troupes (auxquelles j'ai rendu justice), mais ces troupes représentent une *pars minima*, numériquement des plus modestes.

colonies. A la Guyane, en raison de l'abandon des cultures pour l'exploitation des mines, elle monte, il est vrai, à 86 fr. 30, mais la journée de travail s'élevant à 3 fr. 50, cette somme ne représente que 25 journées. A la Guadeloupe, on tombe à 29 fr. 90 (= 15 journées à 2 francs), à la Martinique à 38 fr. 80 (= 22 journées à 1 fr. 75), à la Réunion à 38 fr. 60 (= 19 journées à 2 francs) (Dislère). En outre, par son mode de répartition et par sa nature, l'impôt pèse à peu près exclusivement sur les riches... et sur les importateurs français ou étrangers. Les gros usiniers et les planteurs paient les plus lourdes redevances et le budget achève de s'équilibrer grâce à l'*octroi de mer*, c'est-à-dire au prélèvement douanier sur toutes les marchandises et denrées introduites dans le pays. L'homme du peuple, ouvrier ou cultivateur, qui ne consomme guère que les produits locaux, échappe ainsi presque entièrement aux charges.

La métropole accorde en outre une forte subvention à ces petits pays, prend à sa charge une grande partie des dépenses d'administration et de protection. Elle se laisse soutirer des emprunts qu'on lui rembourse mollement et si elle rappelle timidement ses créances, elle supporte qu'on recule l'échéance et même, parfois, elle se tait devant les injures de certains conseillers généraux, qui prétendent régler une dette d'après ce nouveau mode de reconnaissance. Bien plus, dans les moments les plus critiques, alors qu'elle a besoin de toutes ses ressources pour défendre ses frontières et son littoral, qu'elle est presque aux abois, — on organise contre elle un ingénieux système de drainage, comme dans l'affaire du port et du chemin de fer circulaire de la Réunion. Pas une personne, au courant des difficultés que présentait l'entreprise, n'hésitait à la déclarer au-dessus des forces d'une compagnie. Une compagnie acceptait gaîment l'œuvre, cependant, mais garantie par l'État français; puis, les travaux lancés, s'éclipsait, laissant le ministre de la marine en face d'une obligation de rente annuelle de 2 millions... pendant une durée de près d'un siècle ! Et une Chambre française recevait cet aveu d'un sous-secrétaire aux colonies sans bondir indignée, juste au moment où nos armements maritimes paraissaient le plus compromis ! Mais, sur cette affaire, s'était déroulée une élection ; l'intérêt d'une candidature, celui d'un minuscule pays, passaient avant les intérêts vitaux de la nation. Et, comme si ce n'était pas assez d'un pareil coup de Jarnac, quand M. de la Porte, sous l'air d'un bon apôtre, fit mine de vouloir supprimer les *marines*, établissements devenus inutiles pour le débarquement, si le nouveau port était réellement en condition d'abriter des navires, et de prélever dans ce port un droit d'ancrage qui diminuât la contribution de la métropole, un tollé réprobateur s'éleva de là-bas et le silence s'est fait [1].

Ajouterai-je que la meilleure part des budgets locaux se fond en gaspillages (on votait, à la Guadeloupe, une somme de 40,000 francs, pour la construction du musée Schœlcher, alors qu'on refusait la plus minime allocation à des services de nécessité urgente ; on dépense des sommes énormes en frais de déplacement d'employés et de fonctionnaires coloniaux [2], ou pour des congés de convalescence d'utilité douteuse, souvent

---

[1] Remarquer que le fameux port de la Pointe des Galets ne pouvait avoir qu'un intérêt local, la marine militaire possédant à Nosi-Bé (baie de Passandava) et à Diego-Suarez des points de ravitaillement faciles à développer.

[2] Le *Petit Journal* du 29 juillet 1888, sous le titre significatif : *Où passe l'argent ?* rapportait les deux faits suivants :
Le voyage d'un administrateur colonial, envoyé de l'Inde à Mayotte, en passant par la France, puis de Mayotte en Cochinchine, avec sa femme, cinq enfants et un domestique, a coûté 48.864 francs !
L'envoi d'un officier du commissariat colonial, chef d'une famille de huit à dix personnes, en France d'abord, à titre de convalescence, puis à Tahiti par la voie des Etats-Unis, à titre de service, a coûté plus de 80,000 francs !
La moitié de ces sommes était payée par le budget colonial, l'autre par le budget de la marine.
Puisque je suis sur le chapitre gaspillage, une question que je signale aux députés soucieux des intérêts budgétaires. Le ministère de la marine et, après lui, le sous-secrétariat semi-indépendant des colonies, ont fabriqué énormément de gouverneurs, usés par la politique au bout de quelques années... ou de quelques mois. Il y a toujours un stock de ces infortunés sans emploi et l'on ne saurait songer à rendre à quelques-uns l'autorité directrice sans lancer un défi au bon sens public. Tout ce monde est placé en disponibilité et touche en France de gros appointements... jusqu'à l'époque, parfois très éloignée de la retraite. Je serais curieux de connaître quelle somme est consacrée sournoisement à l'entretien de ces inutiles ; sûrement elle équivaut au prix de plusieurs torpilleurs utiles... qu'on ne construit pas.

même accordés à des nègres qui se portent assez bien chez eux et vont contracter des maladies en France), ou se déverse à pleins flots chez quelques bureaucrates (le budget de l'immigration, par exemple, toujours à la Guadeloupe, n'attribuait pas moins de 87,380 francs au personnel d'administration et de surveillance, comprenant 16 créoles et 6 interprètes indous), etc. Mais pourquoi se gêner, quand la métropole est là pour payer la carte, à la première sommation de quelques députés [1] !

***

Les créoles trouvent chez nous le plus facile accès aux situations de toutes sortes. En revanche, ils nous refusent chez eux les places les plus modestes. Qu'on veuille bien lire, là-dessus, la lettre suivante, écrite de la Martinique (11 février 1888) à M. le député P. Granier de Cassagnac, par un instituteur :

Monsieur le député,

Excusez-moi de vous écrire, quoique je ne vous connaisse autrement que de nom et de réputation. Je suis instituteur à la Martinique depuis 1881. A cette époque,

[1] J'estime en avoir assez dit, pour faire comprendre aux moins clairvoyants le danger qu'il y aurait à laisser accaparer par un politicien créole le poste de ministre de la marine ou la fonction de secrétaire d'Etat aux colonies. C'est déjà trop, à mon avis, que le secrétariat d'Etat, sous la dépendance des députés d'outre-mer, crée comme un sous-ministère dans un département ministériel.

une soixantaine d'instituteurs français furent envoyés à la Martinique pour remplacer les frères de Ploërmel. Nous fûmes reçus à bras ouverts par la population de couleur.

Rien n'était assez bon pour nous. On nous donnait plus que nous ne demandions. Dans les six années écoulées, nous avons formé des élèves, plus de cent jeunes gens et autant de demoiselles ont obtenu leur brevet. Et aujourd'hui le conseil général ne cherche qu'une chose : nous faire partir, pour mettre à notre place les nègres et les mulâtres que nous avons formés. Pour y arriver et nous obliger à quitter le pays, on nous diminue le traitement. Ils touchent sans vergogne à ce que nous garantit la signature d'un ministre français. A quelques-uns, on supprime 500 francs par an, à d'autres 400, à d'autres 200, suivant la classe de chacun. Et le gouvernement laisse faire. Après six ans de colonie voilà la récompense. Plusieurs sont morts, beaucoup n'ont pas pu résister au climat et sont repartis, nous sommes à peine une quarantaine, et voilà comme on nous traite. L'an dernier, en plein conseil général, nous fûmes appelés *étrangers* sans que le mot fut relevé par le président. Il est vrai que le conseil général est une perle et qu'il n'y en a pas de pareil dans le monde entier. La majorité de ce conseil a aujourd'hui pour mot d'ordre : « Haine à l'Européen, sus au blanc ! » Et la France laisse faire. Et nous, les vrais Français, nous sommes des étrangers, tandis que toute la bande de noirs plus ou moins foncés sont les maîtres... Dites dans votre journal, à la tribune, et partout, qu'à la Martinique il y a une foule de Français de France vexés, tyrannisés, spoliés par les nègres et les mulâtres du pays, Français par décret, car ils ne le sont ni par leur origine, ni par leur langue, ni par leurs mœurs.

N'est-ce pas une honte pour la France que de voir ses enfants ainsi traités par ces affranchis d'hier et qui jouent aujourd'hui au potentat. Car tout est entre leurs mains, conseil municipal, conseil général etc., etc. Et malheur au pauvre fonctionnaire blanc qui ne se courbe pas assez bas : s'il peut être atteint, il est sûr qu'il le sera.

Ils diminuent nos traitements sous prétexte de faire des économies, et ils augmentent les traitements des leurs.

Ils entretiennent dans un pensionnat colonial plus de 120 boursières, dont la moitié au moins sont filles de femmes publiques. Il n'est pas de sinécure qu'ils ne créent pour tout ce qui a la chevelure plus ou moins crépue ; mais l'Européen, raca, c'est un *étranger*, et eux, ces enfants du Congo, s'appellent *enfants du pays*...

Cette lettre a été reproduite dans le journal *les Colonies*, avec un accompagnement que l'on pouvait prévoir : « Le pied plat, misérable auteur de cette élucubration infâme, a été assez fustigé par notre confrère de l'*Indépendant*, pour que nous nous en occupions davantage[1]. » C'est court, mais ce n'est pas une réfutation. Les injures ne prouvent rien et elles ne tiennent pas lieu de raisons. Je reconnais que l'auteur de la lettre a eu le grand tort de faire allusion aux boursières sans famille, entretenues, dans un pensionnat, aux frais de la colonie, et de reprocher leur origine à ces pauvres filles ; je reconnais aussi, que, par l'exagération de ses attaques contre une catégorie de citoyens, il s'est montré le trop naïf comparse d'un parti. Mais il a relevé un fait absolument vrai, l'évincement calculé de l'Européen par les créoles (et sous cette expression, je comprends les blancs comme les gens

[1] 5 mai 1888.

de couleur). Le rédacteur ou l'inspirateur des *Colonies* ne doit pas ignorer le proverbe irrévérencieux que ses compatriotes aiment à répéter, pour désigner le Français de la métropole : *Vent ka poussé li, l'eau ka porté li.* (Que l'eau et le vent le ramènent, mauvaise épave, au pays d'où il est venu !) Il est impossible aussi, que le même personnage n'ait jamais reçu les confidences de quelque ami influent, se vantant d'avoir toujours usé de son pouvoir pour écarter les blancs d'Europe des emplois locaux. S'il n'a rien entendu de semblable, je lui exprime à cet égard mon sincère étonnement. Car, moi qui ai vécu en situation moins propice pour recueillir de pareils aveux, j'en ai cependant noté plus d'un. La défiance et la jalousie contre l'Européen se traduisent maintes fois au sein des conseils généraux et, il y a quatre ans, lorsque le ministère de la marine proposa l'envoi de travailleurs européens dans les Antilles, il rencontra une opposition catégorique, même auprès des chambres d'agriculture[1]. Les terres à défricher ne manquent pas, sur les hauteurs salubres de l'intérieur, où des bras et de minces capitaux européens apporteraient bientôt la richesse, avec le travail régulier et l'entente

---

[1] Celle de la Basse-Terre, entre autres, se signala à cette occasion (13 mars 1886). M. Etienne avait sans doute oublié ces détails lorsqu'il écrivit, aux chambres sydicales et commerciales de Paris, sa lettre relative à l'émigration française dans nos colonies ; et les orateurs du congrès colonial, qui ont parlé sur cette question, ont vraiment fait preuve de haute connaissance des choses ou de grande bonne foi !

de nouvelles cultures adaptables. Mais on ne veut plus de nous et Dieu sait quelles aménités nous rencontrons fréquemment, fonctionnaires ou militaires, durant nos séjours forcés parmi nos excellents *frères!* A peine daigne-t-on accorder quelque pitié à nos misères et s'il est question d'une dépense pour sauvegarder nos intérêts les plus légitimes, l'on se rebiffe ou l'on fait une moue. Un ingénieur colonial alla un jour jusqu'à me témoigner sa surprise, à propos de certaines précautions que j'entendais prendre, contre une importation de fièvre jaune : « Pourquoi se livrer à des dépenses? (il s'agissait de la construction d'une modeste baraque pour la désinfection). *Il n'y a que les Européens d'attaqués!* » Le danger qui menaçait nos marins, nos soldats, nos employés de tout ordre, est-ce que cela pouvait intéresser le pays! Et cette phrase cyniquement cruelle, inconsciemment sortie de la bouche d'un homme cependant honnête, plus d'une fois elle a résonné à mes oreilles[1]. Ah! par exemple! si l'on apprend que le

---

[1] L'on m'affirme que, dans un bureau du ministère de la marine, ce mot a été prononcé :

« Il faudrait couper la langue à ceux qui parlent de fièvre jaune. »

Je suis de ceux qui ont eu le courage d'en parler..., non pas de façon à jeter la panique, mais de façon à rappeler à leur devoir des autorités oublieuses de ce qu'elles avaient à faire pour protéger des existences de soldats.

A la personne qui a prononcé le mot que je rapporte, s'il est vrai, je répondrai : « A ceux qui, de parti pris, refusent de voir un danger menaçant pour des troupes, et susceptible de les décimer bientôt sans nécessité, ce n'est pas la langue mais la

choléra règne dans un port de France, la variole dans une colonie voisine, ce sont des clameurs qui s'élèvent : il faut protéger les populations, il faut ne regarder à aucun sacrifice, et des appels chaleureux sont adressés à la métropole[1] !

* * *

Les créoles, sans sortir de chez eux et sans grand'peine, acquièrent des titres universitaires qui leur ouvrent l'accès des hautes charges de la magistrature et de l'administration. Ils ne peuvent souffrir les compétitions des Européens, d'ordinaire plus instruits et à meilleure école. Ils ne parviennent pas à écarter tous les métropolitains, car, dans la métropole, il y a aussi des recommandations avec lesquelles on est obligé de compter; mais, grâce à l'intervention savante de leurs députés, ils arrivent à limiter le nombre de ces *étrangers*. Parmi ceux-ci, les uns trouvent grâce, en s'assimilant à leur milieu; les autres sont tolérés... tout juste, et sur eux pleuvent les corvées et les déplacements désagréables, quand les occasions s'en présentent. Je sais un petit magistrat, récemment débarqué aux An-

---

tête qu'il faudrait couper. » Et je leur appliquerais sans miséricorde la loi de 1822, malgré la répugnance que je professe pour la peine de mort.

[1] C'est ce qui arrive à la suite des calamités de toutes natures. Après l'incendie de Cayenne, la Chambre a voté, par deux fois, des sommes importantes, pour venir en aide aux sinistrés : elle sera probablement très étonnée d'appprendre, que les cases détruites sont encore à reconstruire. Sans commentaire !

tilles, qui dut un jour partir très précipitamment pour la Guyane, alors en pleine épidémie de fièvre jaune..., au lieu et place d'un collègue du pays, peu soucieux d'abandonner les siens : l'Européen mourut, laissant une veuve dépourvue de toute ressource. Il me serait aisé de multiplier les exemples de ce genre.

* * *

Après la magistrature et l'administration, l'armée.

Les créoles ne sont pas soumis à l'impôt du sang. Ils ne deviennent soldats qu'autant qu'ils le veulent bien, et l'armée, grâce à leur esprit de solidarité, à l'espèce de franc-maçonnerie qui relie partout leurs intérêts, devient pour eux un brillant et fructueux débouché. Ils ne s'engagent pas indifféremment dans tous les corps : ils ont leur corps à eux, l'infanterie de marine, où ils se sentent comme en famille, où ils peuvent tirer le plus large parti des bonnes influences, bénéficier même pour l'avancement de leurs longs séjours au pays natal, à titre de campagne ! Il fut un temps où l'on pouvait presque dire que les états-majors de cette troupe étaient recrutés parmi les créoles et aujourd'hui encore une forte proportion des hauts grades semble demeurer l'apanage de nos coloniaux. Sur huit généraux d'infanterie de marine quatre sont des créoles, parmi lesquels les trois divisionnaires et le chef du corps d'armée récemment créé. Certes, le créole est un vaillant soldat. Mais pour admettre qu'une telle prépondérance dans les situations élevées soit toujours l'effet d'un mérite exceptionnel, il faut singulièrement amoindrir la valeur et les capacités professionnelles de nos propres officiers! Ceci soit dit sans la moindre intention désobligeante pour les hommes distingués, qui, nés aux Antilles ou à la Réunion, ont conquis la grosse épaulette à étoiles. Je constate seulement que celle-ci, miroitant aux yeux de tous, ne se laisse pas atteindre avec la même facilité par tous, malgré la plus complète égalité de mérite [1].

Habituée à ne rencontrer les siens, dans les rangs d'une troupe, que sous l'uniforme du commandement, la population créole dédaigne l'humble soldat. Ce paysan, levé dans nos départements, envoyé loin, bien loin de sa famille, en des pays fiévreux, est évidemment la chose du créole : il a sa raison d'être, pour apprendre à celui-ci l'art de l'officier et il doit se plier même aux exigences des autorités civiles. Les colonies ont cette prétention, que la métropole leur doit son argent et ses hommes, le premier

---

[1] Noter que, dans l'arme, la proportion des engagés créoles au chiffre des engagés métropolitains n'atteint guère plus de 5 p. 100. On est en train de découper, dans le corps de santé de la marine, un corps de médecins coloniaux qui sera surtout avantageux pour l'élément créole.

pour servir à ses besoins particuliers, les seconds pour servir à maintes œuvres qui n'ont rien de militaire[1]. Elles prennent l'argent sans remercier, et les hommes en rechignant, tout en tenant beaucoup à les avoir. J'ai déjà fait allusion à l'esprit des populations coloniales vis-à-vis de nos soldats. Je ne crois pas inutile de revenir sur ce sujet. Que, de temps à autre, un pauvre diable de militaire, au cours d'une tranquille promenade, soit insulté ou même frappé par quelques mauvais nègres, cela ne tire pas à conséquence : on voit d'aussi tristes actes commis chez nous ! Mais il y a des tendances plus générales, qu'il serait coupable de dissimuler. On accepte nos garnisons, sans être bien sûr qu'elles ont une mission de défense et de protection ; on se les dispute dans les villes, parce qu'elles contribuent au développement du petit commerce ; mais on les veut à la merci des municipalités. Elles sont précieuses, en cas d'incendie. Mais quelques services qu'elles rendent, elles n'ont droit qu'au silence, les remerciements et les

---

[1] Il existe bien, en France, quelques bourgeois qui s'imaginent aussi que l'armée est une agglomération de mercenaires, corvéables à leur gré. Mais ils sont rares. C'est l'un de ces imbéciles qui proposait, pour sauver l'entreprise de Panama, d'envoyer là-bas, comme travailleurs, 30,000 soldats, sous les ordres d'officiers du génie et de les payer au moyen d'une économie réalisée sur le budget de la guerre par la suppression d'une soupe par semaine à toute l'armée. Que les souscripteurs ne s'enrôlent-ils eux mêmes, sous la conduite de MM. de Lesseps père et fils, pour aller creuser le canal ! Ils apprécieraient ainsi bien au juste la véracité de ceux qui les ont lancés dans l'aventure.

louanges s'en vont aux indigènes, et nos soldats peuvent s'estimer heureux, s'ils échappent aux invectives. Un soir d'incendie (pendant une période électorale), la compagnie d'infanterie de marine, détachée à la Pointe-à-Pître, faisait crânement de son mieux, et pour aider les pompiers dans leurs efforts et pour contenir la foule, peu zélée, mais curieuse, encombrante et renfermant plus d'un individu mal intentionné. Un monsieur essaie brusquement de rompre le cordon ; un factionnaire le repousse sans brutalité : le personnage décline son nom à l'officier, se plaint avec la dernière violence du *procédé* dont il a été l'objet, et trouve fort extraordinaire de ne pas recevoir les plus humbles excuses. Le lendemain, cet épisode futile est transformé en gros événement, et, sous le titre « *Les allures de la troupe,* » un journal bave une vilénie contre nos soldats. Un autre jour, on requiert le poste de la caserne, pour arrêter un nègre, garde de police, qui vient de frapper son chef et de s'enfuir ; un petit jeune homme, un blanc d'excellente famille, ose s'écrier : « Ce n'est pas le garde qu'il faudrait arrêter, mais les soldats. »

Et l'on ne peut s'en passer, de ces pauvres soldats. Si l'on parle de les supprimer, de les concentrer même sur les hauteurs, en temps d'épidémie, ce sont des cris et des plaintes interminables... Puis, quelquefois, par un revirement extrême, on les déclare inutiles et l'on met l'*État* en demeure de les retirer, par *mesure d'économie*. Des civils partout, et la reconstitution des milices locales, sous les ordres des maires, voilà ce qu'il faut ! Les militaires, ce ne sont que des *parasites*[1] !

Il est beaucoup question, en ce moment, de la création d'une armée coloniale. Je crois qu'un projet d'organisation n'aboutira point de si tôt. On ne sait si l'on doit appeler les recrues en France, ou les instruire chez elles : dans le premier cas, on déplairait aux familles ; dans le second, l'on sent qu'il y aurait danger à armer des gens fort difficiles à discipliner en masse et dont les haines sont trop vives pour ne pas chercher à se satisfaire avec les moyens mis à leur disposition. (Les blancs redoutent une institution qui les expose à subir toutes les humiliations, sous le commandement de chefs, triés parmi leurs pires adversaires, et toutes les menaces, sous la prépondérance numérique de bandes noires plus ou moins régularisées, transformées en milices ; les gens de couleur entrevoient sourdement, dans un recrutement général, des occasions de terminer un jour

---

[1] Le mot a été lâché et même écrit dans le *Moniteur des Colonies*, journal qui prend ordinairement son mot d'ordre auprès de M. Gerville-Réache, à propos de la nomination du colonel Badens aux fonctions provisoires d'administrateur au Cambodge (3 janvier 1886). La feuille ajoutait : « On voit qu'il est plus que temps qu'un ministre *civil* mette fin à la désorganisation de nos colonies, au profit de l'élément militaire... » Il était tout trouvé, ce ministre civil !

tout à leur avantage une vieille querelle). On hésite et la loi militaire votée par les Chambres reste lettre-morte pour nos coloniaux, alors qu'elle pèse lourdement sur les métropolitains. En attendant que les commissions se décident à élaborer sérieusement quelque chose, les exceptions choquantes ne sont point dissimulées. Nos jeunes soldats sont indifféremment répartis dans les garnisons les plus extrêmes, sous le rapport du climat et de la salubrité : un amiral décide que les jeunes créoles, engagés volontaires, ne seront dirigés que sur Toulon, où ils retrouveront comme un reflet du soleil de leur pays. Nos officiers de tous les corps, retraités, sont, malgré l'usure d'un long service, iniquement astreints à un supplément d'activité, en temps de guerre, pendant une période de cinq années : les retraités créoles ne quittent pas leurs foyers, et M. de Freycinet a fait rayer des cadres de la réserve tous les militaires en séjour aux colonies, c'est-à-dire tous les créoles, las d'un essai de militarisme. Qu'une guerre éclate : à nous autres, jeunes et vieux, incombera la charge de la défense des colonies... et nos compatriotes de là-bas ne se joindront à nous qu'autant qu'il leur plaira de le faire. Voilà l'égalité, sous le régime égalitaire.

*
* *

La métropole ne sait à quelles réclamations entendre.

On l'incrimine à propos de tout.

Laisse-t-on quelque repos au ministère de la marine, c'est pour aboyer contre le ministère du commerce ou contre une grande compagnie.

Et, pour entrecouper par une note plaisante un sujet fort attristant, je reproduis, à l'appui de mon dire, une lettre jadis adressée au directeur des transatlantiques, à la suite d'un retard dans l'arrivée d'un courrier. Bien entendu, je tairai le nom du signataire.

« A l'Administration des Transatlantiques.

« La France, cette nation si noble, si généreuse qui a tant fait pour l'humanité, serait-elle tombée si bas, que les plus naturels sentiments lui seraient étrangers !

« Eh quoi ! (pour venir au fait) le paquebot de Bordeaux subit une avarie à son départ et est obligé de rallier le Havre, arrêté par un bris de l'arbre de couche ; il doit se faire reparer et poursuivre sa route. L'Administration des Transatlantiques n'a pas eu l'idée (*proh pudor* !) de télégraphier aux colonies que le retard était dû à un accident, laissant ainsi les familles des embarqués dans la plus poignante incertitude.

« Comment qualifier cette abstention sauvage, sans cœur, misérable, et indigne de notre France, Don Quichotte pour les autres et sans pitié pour les siens !

« Il faut bien cependant le dire et le jeter à la face de ceux qui n'ont aucun sentiment que celui de l'argent (un télégramme de quelques francs !)

« Vous avez manqué à tous ceux qui font vibrer la sensibilité humaine, et les autres nations auront beau jeu pour rire de nous, et dire que, lorsque nous parlons sentiment, nous ne sommes que des blagueurs. »

Malgré leurs clameurs, malgré les propos et les actes qu'on relève trop fréquemment parmi elles, les populations de nos colonies sont bien françaises. Leurs sentiments de mauvaise humeur sont un peu ceux des enfants gâtés qui boudent leur mère, quand elle refuse de céder à leurs moindres caprices..., non ceux de mauvais fils. Si les événements l'exigeaient, elles sauraient renouveler les beaux exemples de patriotisme qu'elles ont donnés jadis. Mais leur esprit frondeur peut faire douter quelquefois de leur dévouement et prête une apparence de réalité aux accusations de tendances séparatives, que les coteries rivales se renvoient de temps en temps. Il faut bien l'avouer, les paroles qu'on recueille çà et là dans les villes, les articles souvent imprudents de la presse, portent l'Européen à accorder une certaine créance à une pareille idée, et peut-être le germe en existe-t-il dans le cerveau d'un petit nombre d'intrigants, qu'il importerait de démasquer. C'est encore là un terrain de conflit entre blancs et gens de couleur.

Les blancs ont tort d'attribuer aux mulâtres l'arrière-pensée d'une autonomie, qui transformerait les Antilles en petites républiques noires, à l'instar d'Haïti. Eux-mêmes s'attirent le reproche de caresser des projets d'émancipation, avec l'espoir d'un retour à l'ancienne domination despotique de leur race. Et, de fait, il en est plus d'un, parmi eux, qui laisse échapper de sa bouche des paroles que réprouve son cœur. C'est dans une réunion de blancs qu'un Européen m'assure avoir entendu un mécontent s'écrier : « *Ils* (ces Français) ! — ils n'ont pas de quoi être si fiers, après la brossée de 1870 ! » Celui-là songeait encore, sans doute, à l'époque regrettée qui vit ses ancêtres unis aux Anglais dans une haine commune contre la France républicaine. Je pourrais citer d'autres mots non moins odieux. Mais il serait injuste de conclure de quelques faits individuels à la condamnation de toute une classe, et je n'hésite pas à qualifier sévèrement les attaques trop intéressées que renvoient aux blancs les gens de couleur. Je comprends aussi l'indignation de ces derniers, lorsqu'ils s'entendent dénoncer comme des traîtres au drapeau. M. Hurard a eu parfaitement raison de répondre là-dessus de la plus verte manière à certains opposants (*Mon. des col.*, 20 oct. 1882). Toutefois, il est bon que, du côté de la couleur, on se rappelle l'abominable soulèvement de noirs qui se fit, à la Martinique, aux cris de : « *A bas la France!* » à l'époque de nos désastres, — afin de garder quelque indulgence vis-à-vis d'adversaires, à leur tour souvent calomniés.

Non, répéterai-je, nos vieilles colonies ne désirent pas se séparer de la métropole.

Mais on ne saurait effacer certains indices, et la France n'a pas le droit de les négliger. Dans des populations que divisent le préjugé de la couleur et des intérêts souvent contraires, il suffit de quelques parcelles de ferment malsain, pour corrompre des masses inconscientes. On a vu, en Europe, ce que pouvait produire l'influence de politiciens ambitieux et sans scrupules : un Crispi-Bismarkule a perverti l'opinion publique, en Italie, transformé la nation-sœur en ennemie jalouse, en rivale prête à mordre le bras qui la défendit. Plus rapidement dangereuse et désorganisatrice serait, au sein des petites agglomérations coloniales, si promptes à l'entraînement, l'action dissimulée d'une poignée d'intrigants, blancs ou mulâtres, et la métropole doit avoir un œil vigilant toujours dirigé sur les centres où il leur pourrait prendre fantaisie de se montrer.

* * *

Nos colonies gagneraient-elles d'ailleurs à une séparation ?

Cela est fort douteux.

Elles auraient à pourvoir à des besoins très complexes, sans posséder beaucoup plus d'indépendance, et celle-ci, privée de contrepoids, engendrerait moins la liberté que la licence, au milieu de l'élément grossier, qui est prépondérant par le nombre.

Les créoles ne participent pas aux plus lourdes charges de la métropole et ils jouissent de toutes les prérogatives attachées à la qualité de Français. Ils s'administrent eux-mêmes, car l'ingérence métropolitaine en leurs affaires est très limitée. Bien plus, ils envoient à la Chambre des députés et au Sénat des représentants, qui interviennent dans les nôtres, sans restriction... et souvent sans mesure. Si l'accord est favorable à l'une des parties, c'est assurément aux pays d'outre-mer. Un fait qui a failli passer inaperçu l'a tout récemment mis en évidence. M. de Lareinty signalait au Sénat l'importation en France, sous la protection d'un certificat d'origine qui l'exemptait d'une forte taxe, de rhum fabriqué à la Martinique avec des mélasses étrangères ; le Trésor était ainsi frustré de plus de 6 millions, chaque année. L'honorable sénateur demandait donc que le gouvernement adoptât des mesures pour remédier à cet abus, et que l'on taxât, aux colonies comme en France, les mélasses étrangères. Mais à cette proposition, M. de la Porte fut obligé d'opposer le sénatus-consulte de 1866, accordant aux conseils généraux des colonies la liberté la plus complète en matière de tarifs douaniers, et l'autorité métropolitaine n'ayant aucun droit à intervenir dans les services locaux, il fallait que le Trésor continuât à perdre ses millions, aussi longtemps qu'il plairait au conseil général de la Martinique. « Ainsi, ajoutait la *République fran-*

çaise (7 janvier 1889), en rapportant cet exemple d'anomalie administrative, relevé très justement par le *Travail national,* — nos colonies ont le droit de nommer des sénateurs et des députés qui sont admis à voter nos lois budgétaires et nos lois militaires, lois auxquelles elles échappent complètement, et notre Parlement n'a pas le droit de toucher aux lois qui régissent en matière fiscale et douanière nos possessions, que Gambetta appelait les prolongements de la mère-patrie. On avouera que cela dépasse toute justice et toute vraisemblance, et cependant cela est...[1] »

Oui, cela est, et nos créoles, tout en jouant très habilement de la plainte, savent apprécier

---

[1] Presque à la même époque où M. de Lareinty signalait l'énorme perte occasionnée au Trésor métropolitain par l'importation des rhums martiniquais, un député de la Guadeloupe osait proposer à la Chambre une surtaxe sur les cafés étrangers,... si inouïe que pour une augmentation très modeste des profits assurés par elle à trois minuscules pays, elle eût, grevé annuellement les consommateurs français d'une dépense annuelle de 20 millions !

Le Sénégal est inscrit au budget français pour 10 millions : voilà certes un gros sacrifice, consenti par la métropole pour une colonie jusqu'ici d'assez médiocre rapport. Pour l'en récompenser, le conseil général frappait, l'année dernière, d'une taxe douanière uniforme de 7 p. 100 à la valeur *toutes les marchandises importées, françaises et étrangères, sans distinction.*

Je suis agacé, lorsque j'entends vanter l'excellence de notre *œuvre coloniale*! Nous fondons des Empires (!) qui sont pour nous des charges et un danger, et nous nous laissons tondre par d'anciennes colonies qui ont cessé d'être pour nous d'aucun avantage. « La Réunion ne nous achète que pour 4,872,000 fr. de nos marchandises et nous vend pour 13,700,000 francs des siennes ; la Guadeloupe nous envoie pour plus de 81 millions de francs de ses produits, contre 9,783,000 des nôtres... » etc. (*République française* du 12 septembre 1889, *à propos des colonies.*)

Dans l'ensemble du mouvement commercial, la valeur des

judicieusement la part qui leur est faite, choisir des députés capables de l'agrandir encore davantage.

Les élections de toutes natures et à tous les degrés s'inspirent du plus étroit esprit de *localisme*. Elles sont dominées plus ou moins par les influences de coteries ; mais toutes aboutissent, vis-à-vis de la métropole, à une sorte de mandat impératif latent, qui consiste à n'entrevoir d'autre objectif que la satisfaction des intérêts créoles.

A la Réunion, où les questions de couleur sont moins ardentes que dans nos colonies américaines, et où le blanc garde encore la place qu'il mérite, on a choisi pour député M. de Mahy, homme d'intelligence et de savoir-faire : il a doté son pays d'un port et d'un chemin de fer..., aux dépens des bourses métropolitaines, — sans parler de Madagascar, véritable colonie bourbonienne.

Aux Antilles et à la Guyane, les intérêts particuliers de la couleur priment ceux de la grande culture, ou plutôt on se soucie fort peu des revendications des planteurs et des usiniers ; on

---

importations de la France dans ses colonies reste bien au-dessous des importations de celles-ci en France. (Voir la *République française* du 4 mai 1890, *statistique coloniale*.) On ne voit guère, d'après cela, quels sont pour nous les brillants résultats d'une *œuvre*, d'autre part si fertile en pertes d'hommes et d'argent, au Tonkin, à la côte occidentale d'Afrique et ailleurs ! Mais l'*œuvre* profite à une poignée de commerçants et d'intrigants : l'on aurait tort de se plaindre.

se préoccupe de maintenir à l'écart les éléments blancs, de partager les emplois entre ceux qui leur sont le plus hostiles. Mais on reste sur le terrain de l'exclusivisme local dans les rapports avec la métropole. Les députés doivent être toujours et en toutes occurrences créoles et rien que créoles. Les élus qui oublient leur rôle sont tôt ou tard malmenés rudement. M. Gerville-Réache en sait quelque chose. Ce député mulâtre, travailleur, intelligent, le seul, à mon avis, qui se soit montré à la hauteur de sa mission, parmi les favorisés du vote populaire dans nos colonies, a eu le tort de se considérer comme chargé d'un double devoir : s'occuper des intérêts de la France, la grande patrie, s'occuper des intérêts de son pays, la petite patrie. A la Guadeloupe, on n'entendait pas tout à fait de cette manière le mandat du député. Aussi, au moment des élections nouvelles, en 1885, Gerville-Réache fut-il reçu froidement, puis attaqué avec acrimonie. On lui reprocha d'avoir osé secouer le joug du *vénéré* Schœlcher, d'avoir renié sa race, et, à ses protestations, une voix répondit, dans une réunion publique : « Puisque vous êtes si bon nègre, pourquoi n'avez-vous pas épousé une négresse ou une mulâtresse ? » La négresse ou la mulâtresse dédaignée, ce n'était pas là le grand crime : la vraie faute, c'était de n'avoir pas été toujours nègre... en sa manière d'agir. Gerville-Réache ne méritait qu'à demi ces violentes récriminations. Il avait bien aidé à caser quelques mulâtres..., son frère, par exemple, de simple aide-commissaire de la marine, élevé tout à coup aux fonctions de directeur de l'intérieur, puis à celles de commandant supérieur à Mayotte (il est aujourd'hui gouverneur de la Guyane), malgré des capacités administratives modestes. Mais le député de la Guadeloupe n'avait pas taillé une assez large part à ses concitoyens, dans le gâteau convoité par leurs appétits, et il fallut beaucoup de promesses et d'adresse, pour relever son crédit, très compromis.

Les députés coloniaux ont un idéal sans grandeur, mais qui leur permet d'arriver à des résultats pratiques très fructueux. Ils sont les émancipés d'hier et, comme les martyrs politiques, les victimes du Deux-Décembre, etc., ils ont droit à tout. La métropole est la mère nourricière des gens de couleur, qui peuvent bien oublier l'égalité, après avoir tant souffert de la tyrannie des blancs, jouir à leur tour de l'inégalité retournée contre ceux-ci. Il s'agit de trouver un bon interprète de la devise républicaine ainsi comprise et on l'a rencontré dans le sénateur Schœlcher[1]. Après cela, il n'y a plus qu'à se rendre nécessaire ou redoutable, à la direction des colonies,

---

[1] Déjà, pendant l'inutile propagande de conciliation, tentée par Bissette, un mulâtre, Arthur Casse, avait donné le mot de la situation : « Qu'importe que M. Schœlcher ne croie pas en Dieu, répondait-il à des personnes offusquées de l'athéisme du nouveau saint démocratique, — pourvu qu'il me

d'où jaillissent les honneurs et les profits pour les chers frères, et c'est chose facile. Les voix coloniales ont quelque importance numérique, pour former l'appoint d'une majorité, dans une question vitale... de ministère ; il convient de les ménager. Puis nos députés coloniaux ont une assurance robuste, une persévérance que rien ne fatigue, et ce qu'ils n'obtiennent pas par raison d'intérêt, ils l'emportent par raison de lassitude, auprès des personnes sollicitées. Les premiers pas seuls sont difficiles. Une fois les principales fonctions dévolues au parti, le reste lui arrive comme de lui-même. Le créaturisme schœlchérien, pour l'Amérique, un créaturisme d'autre nom, pour la Réunion, règnent en maîtres, étendant des ramifications sournoises jusque sur les colonies nouvelles de l'Extrême-Orient, qui commencent à devenir d'excellents débouchés par maints créoles des anciennes. C'est, entre coloniaux, et du plus petit au plus grand, un perpétuel chassé-croisé, à la recherche des emplois, chassé-croisé qui fait assister l'observateur désintéressé aux choses les plus étranges. On se raconte encore à la Guyane, l'aventure de certain mulâtre, condamné par contumace, nommé cependant au poste de commandant de pénitencier, reconnu par un gendarme trop bien avisé le jour même de son débarquement et arrêté

donne une place! » (Affaire de Port-Louis, ass. de la Basse-Terre aud. du 25 juin 1850.)

séance tenante par le Pandore irrévérencieux!
Ailleurs, un modeste commis des postes attend
depuis dix ans un avancement mérité et promis :
une vacance se produit, on nomme à la direction
du bureau un employé des contributions, autrefois
révoqué, mais on offre au commis de la poste...
une place dans les contributions, au Cambodge.
Un noir, commissaire de police, est cassé pour inconduite : on lui trouve aussitôt, dans une autre
colonie, une place de garde ou de comptable,
etc., etc. On ne s'occupe guère de la moralité,
de l'aptitude, de la capacité professionnelle des
individus qu'on protège : il suffit qu'ils soient
électeurs et déclarés *des bons* (c'est l'expression
consacrée) dans le clan[1]. Les gros fonctionnaires
sortent de la même officine, et il y aurait beaucoup à révéler sur le compte de plus d'un. Mais
il est prudent de n'aborder ce chapitre qu'avec
des armes spéciales, par ce temps de liberté, où
la loi sur la diffamation protège surtout les gredins et où la vérité est rejetée dans son puits à

---

[1] Il existe à la Guadeloupe un homme de couleur, fervent dévot à saint Schœlcher et à un autre patron de haute influence. A chaque anniversaire du premier, il dresse, sur le balcon de sa maison, un autel orné de l'image vénérée, au milieu de drapeaux et de chandelles ; à chaque pérégrination du second, il se prodigue en démonstrations. Il est devenu, d'obscur huissier, greffier en chef (une sinécure d'une douzaine de mille francs), puis trésorier-payeur (une situation de 25 à 30,000 francs de rapport) : pour lui donner cette dernière place, après les élections de 1889, l'on a mis brusquement à la retraite, d'office, sans alléguer de raisons, un excellent serviteur de l'Etat, Européen, dont toute la carrière s'était faite dans les services de finance! Les petites infamies de ce genre ne se comptent plus !

coups d'amende et de prison, lorsqu'elle met en relief la laideur des personnages... revêtus de son costume.

Comment apporter un peu de propreté dans ces écuries d'Augias, œuvre du favoritisme et de l'intrigue?

La France est elle-même trop malade du mal de corruption, pour prêcher à ses colonies des mœurs publiques plus austères. D'un bout à l'autre de la République, le remède qu'il conviendrait d'instituer serait accueilli avec répugnance, et d'ailleurs aucun parti politique n'apparaît en état de l'appliquer avec l'énergie nécessaire.

Il faut donc attendre les événements... et se résigner à les subir comme ils se présenteront.

Mais, en attendant une fin, il y a peut-être un moyen d'arrêter les récriminations de nos créoles et de rendre leurs députés... plus Français d'esprit et de rôle.

Ce sont les colonies qui nous l'indiquent : elles réclament l'*assimilation complète à nos départements*. Pour des gens qui ne s'estiment pas suffisamment indépendants, avec la faculté de s'administrer eux-mêmes, sous le contrôle nébuleux de la métropole, la demande a lieu de surprendre.

Mais enfin, pourquoi ne pas les prendre au mot?

CHAPITRE V

LE LANGAGE

Je n'ai point la prétention d'écrire ici une étude philologique. Je ne veux que donner une idée sommaire du langage créole, c'est-à-dire de l'idiome couramment parlé dans nos vieilles colonies, faire comprendre son mécanisme, montrer ses côtés curieux et pittoresques, mettre le lecteur à même d'apprécier toute la saveur de petites pièces originales, très propres à compléter le portrait de nos Français d'outre-mer.

Le blanc a fourni au nègre les éléments d'une adaptation à une forme de civilisation supérieure ; mais le nègre n'a pris de ces éléments que ce qu'il en pouvait prendre et il les a façonnés selon ses tendances et ses besoins ; à son tour, il a exercé sur le blanc comme une influence d'arrêt en devenant le maître du milieu. Quand deux races de valeurs inégales, sous le rapport de la cérébration, sont appelées à vivre en présence, la mieux douée, si elle ne domine pas par le nombre, est obligée de condescendre à certaines manières d'être de la seconde, et il s'établit une sorte de niveau moyen, au profit de la catégorie la plus réduite en ses moyens de perfectibilité, mais la plus imposante... de par sa masse.

Cette action réciproque est très nettement traduite par le langage.

Le *créole* est un parler de grands enfants auquel le père a dû se soumettre, faute d'avoir pu développer l'esprit des siens, au delà d'une limite fixée par leur sens auditif et leur intelligence. Vous essayez d'initier un enfant aux choses et aux idées du monde extérieur. Pour lui faire comprendre les rapports entre les sons conventionnels et les objets qu'ils représentent, vous revenez en arrière et, d'intuition, vous avez recours au procédé que l'homme ancestral employa dans les premiers efforts de sa parole. Vous choisissez, dans le domaine du concret, ce qui frappe le plus vivement l'attention fugitive du jeune être, vous accompagnez la désignation de la répétition d'un mot aussi simple que possible, monosyllabique ou bisyllabique, sonore, et quand vous abordez l'essai des relations des idées et des expressions entre elles, vous laissez aux mots qui se succèdent le soin de graver eux-mêmes leurs associations naturelles dans l'esprit de l'initié. Vous montrez votre maison : *maison papa*. Vous demandez à votre fils d'être bien sage, sous la promesse d'une récompense : *Bébé sage*, *bébé gateau*. Vis-à-vis du nègre, amené par la traite en des pays où il devait oublier jusqu'à son idiome, recommencer la vie, le planteur a usé d'une méthode analogue, et avec un succès d'autant plus assuré, qu'elle rentrait dans le système dit *agglutinatif* des langues africaines. On sait que, dans les langues agglutinatives, les mots racines peuvent se fondre en un mot composé, sans que la simplicité de l'expression reçoive aucune atteinte, une racine demeurant toujours saillante et conservant seule sa valeur; point de modifications dans les mots pour indiquer les genres, les nombres, les relations des noms entre eux, les temps et les modes de l'action : la juxtaposition des termes, invariables, tient lieu de tout cela. Pourtant le créole a franchi cette étape et a pris quelque chose des langues aryennes, ou *à flexion*; mais ce quelque chose, il le doit moins à l'usage qu'à un perfectionnement savant, œuvre des blancs qui l'ont adopté pour eux-mêmes, l'ont poli jusqu'à l'élever à la hauteur d'un idiome littéraire.

Le créole des colonies françaises a pour base le français. Mais il renferme un certain nombre d'expressions empruntées à d'autres langues européennes (anglais : *gal*, fille, en créole martiniquais, est une corruption de *gueull*, *gueurll*, *girl*; espagnol : *yche*, fils, dérive de l'espagnol *hijo*). Il a gardé quelques mots de la langue des autochtones (Caraïbes) aux Antilles, et partout divers termes d'origine africaine, mais en très petit nombre.

Les mots caraïbes appartiennent à un vocabulaire très restreint de plantes et d'animaux de la région. Le radical *ca*, fruit, se retrouve dans *A-goua-ca-té* (fruit qui se mange, avocat, fruit du *Laurus persea*), dans *ca-i-mite* (fruit qui colle, caïmite, *chrysophyllum caïmito*), dans *ca-chi-man* (fruit malsain, *anona reticulata*), etc. ; le radical *ma*, végétal, dans *ma-pou* (arbre touffu), *ma-ca-ta* (arbre à fruits sonores, etc. *Macouba* signifierait endroit fertile et plein de gibier ; *matouba* endroit fertile et plein d'oiseaux. Il n'est pas impossible que la Martinique tire son nom de *Madinina*), etc.

On doit rattacher à des idiomes africains : *dombo*, employé au féminin comme au masculin, pour désigner les personnes en relations de concubinage (Saint-Domingue) ; *tanga*, pièce d'étoffe servant à couvrir la nudité des esclaves, (Saint-Domingue) ; *macandal*, magicien, sorcier ou empoisonneur, du nom d'un noir autrefois renommé dans un art suspect, d'après Ducœurjoly (Saint-Domingue) ; *Zombi*, revenant ou sorcier qui a quitté son enveloppe corporelle (de *zombu*, *zumbu*, qu'on retrouve dans le mot *Katazumbu*, sorcier ou prêtre, du dialecte ancien d'Angola) ; *bamboula*, tambour et par extension danse avec accompagnement de tambour, etc. On remarquera aussi les affinités de certaines consonnances glottales ou nasales, *yo* (eux, on) *gnon*(un), etc., avec le wolof *yi*, *yu*, *ya*, *gni*, *gnu*, *gna* (ces, ceux, qui), etc.

Mais le plus grand nombre des mots créoles ont une origine française. Ce sont des mots français, ou de langage courant, ou de dialectes provinciaux, les uns conservés sans modification, mais non toujours avec leur signification primitive, les autres avec des modifications créées par le caprice, l'ignorance, certaines tendances euphoniques.

Beaucoup remontent à notre vieux langage et se retrouvent encore dans nos patois : *Bailler, bayer*, pour donner ; *se virer*, pour remuer avec impatience ; *dévaller*, pour descendre ; *se nayer*, pour se noyer ; *crier*, pour appeler, demander quelqu'un ; *mitan*, pour milieu. La *gaule*, la robe des mulâtresses, est cette espèce de robe-peignoir que revêtaient jadis nos élégantes dans leur petit négligé : il paraît que la reine Marie-Antoinette ne dédaignait pas ce costume, car ce fut sous une gaule blanche que la fille Oliva se présenta, comme la souveraine, au cardinal de Rohan, et, dans cette affaire du collier, le défenseur du cardinal fait usage d'un mot fréquemment employé parmi les créoles, *assassiner*, pour léser.

Le créole accuse en outre la grossièreté des provenances qui contribuèrent à jeter les fondements de nos colonies, par certaines locutions dérivées du langage maritime. Une mulâtresse appelle sa servante : elle la *hèle* ; elle minaude et fait semblant de se fâcher à propos d'une agacerie, elle s'écrie : « *Laguez-moin*, » larguez-moi, laissez-moi ; elle se montre de bonne humeur et vous prie de l'aider à agrafer sa robe : « *Marezmoin*, » amarrez-moi, épinglez ma robe.

Peu de mots inventés, mais quelques-uns nés du terroir et fort heureux, avec un je ne sais quoi de vrai français, malgré qu'ils n'existent pas dans notre langue. A la Réunion, on dit *cacailler* pour babiller, par allusion au gloussement de la poule pondeuse : une femme *couraille* partout, pour aller *cacaillé dans la rie* (rue) ; une poule va pondre, car *v'là li commence cacaillé* (Volsy Focard[1]).

On se contente généralement des expressions connues, mais en les arrangeant à une nouvelle... sauce, en les défigurant ou en transformant leur signification. C'est souvent la conséquence d'une mauvaise compréhension ou d'une mauvaise perception auditive, au début. Plus d'un mot sonnait d'une façon bizarre aux oreilles du nègre, plus d'un aussi, d'emploi rare ou d'apparence trop majestueuse, n'était guère analysé par des colons, plus occupés de guerres et de rudes labeurs, que de finasseries linguistiques. D'autres fois, des mots ont été adoptés, utilisés à tout hasard, uniquement parce qu'ils plaisaient

---

[1] *Et. sur le patois créole de la Réunion.*

et produisaient quelque étonnement, dans un monde illettré, recherchant la consonnance avant l'expression de l'idée.

A la Réunion, d'après Volsy Focard, on emploie :

Verbalement, dans le sens de *carrément*, *sans ambage* : *Je l'ai flanqué çà verbalement*, je lui ai donné un bon coup, sans hésiter ;

Machinalement, dans le sens de *par hasard* : on connaît un individu *machinalement* ;

Correspondre, dans le sens de *régler son compte à quelqu'un* : *Sorte déhors m'en vé te corresponde* ;

Corruption, pour correction, admonestation, etc.

Dans la transformation matérielle des mots, le créole a recours à deux procédés principaux, complètement opposés.

Il réduit les mots français, par suppression de la première syllabe (sans souci de l'altération de sens qu'elle peut entraîner), plus rarement par ellipse ou contraction dans le corps du mot. Il aime d'ailleurs, par euphonie, à éliminer certaines lettres, certains sons graves. Il a l'horreur de l'*r* (je ne sais trop pourquoi, car cette lettre existe dans les langues africaines, peut-être par une tendance bizarre au zézaiement, encore mieux accusée par la suppression fréquente du *c* ou *ch* et par le prodigieux abus du *z*). L'abréviation dans le son est aussi recherchée par l'emploi habituel de l'accent aigu, la substitution fréquente de l'*i* à l'*e* ou à l'*u*, de l'*à* à diverses voyelles, etc. :

Valide	pour	invalide.	*Mandé*	pour	demander.
Baissé	—	abaisser.	*Cusé*	—	accuser.
Bandonné	—	abandon-[ner.	*Somé*	—	assommer.
			Placement	—	emplace-[ment.
Battre	—	abattre			
Ranzé	—	ranger.	*Zénor*	—	Agénor.
Gadé	—	regarder.	*Soucri*	—	sucrerie.
Çacé	—	chercher (Réunion.	*Flére*	—	fleur. (Réunion.
Cemin	—	chemin. (Réunion.	*Mentère*	—	menteur.
			Acrère	—	accroire.
Çà	—	cela.	*Dret*	—	droit.
Cila	—	celui-là	*Moin, moué, mà, mé* pour moi.		
Dir	—	dur.	*Toué, tà, té* pour	—	toi.

D'autre part, le créole rattache aux noms commençant par une voyelle la dernière lettre des liaisons qu'il rencontre ordinairement dans les phrases : il les allonge ainsi par euphonie : il fait un assez fréquent usage des consonnances *ou, on, an* (africaines), marque avec force certaines consonnes terminales, *t*, *s* (exagération d'une habitude française), etc. :

homme	ou	*n'homme* un [homme, homme.	*Zoreille*		pour oreille.
			Zié	—	yeux, œil.
Zami ou *z'ami*	pour	ami.	*Houile*	—	huile.
Zaffaire, zaffé	—	affaire.	*Chouval*	—	cheval.
Zanneau	—	anneau.	*Pouès (pouèsse)*	—	épais.
Zhabit	—	habit.	*Canott (canote)*	—	canot, etc.
Zo	—	os.			

Du reste, d'une colonie à une autre, dans les diverses catégories de la population de chaque colonie, parmi les individus de même couche sociale, beaucoup de variations de prononciation comme d'orthographe. Et même dans le choix ou le mode de formation des mots :

« A la Guadeloupe, par exemple, on dit :

Bitin	au lieu de	*Bagaie*, effets, bagages, choses.
Chumise	—	*chimise*, chemise.
Chuval	—	*chouval*, cheval.
Avé	—	*evec*, avec.
Ci-là, cé-là	—	*çà qui*, celui-là, ceux-là.
gnon, gnonne	—	*yon, yonne*, un, l'un d'eux.
Moué, mou,	—	*moin*, moi.
Pitilt à moué	—	*Yche moin*, mon enfant.
Cuze	—	*Caie*, case.
Soucougnian	—	*zombi*, revenant, sorcier.
Achité	—	*gangnien*, acheter.

« A Cayenne, les changements sont encore plus frappants. On dit *moi* pour *moin* (me, moi), *so* pour *li* (son, sa, ses), *craire* pour *coué* (croire), *jin* pour *janmain* (jamais), *ké* pour *évec* (avec), *sor* pour *sé* (sœur), etc... Deux négresses de Cayenne se rencontrent le matin; l'une dit : « *Bonjou, sor, comment fika?* Bonjour, sœur, comment vous portez-vous ? » A la Martinique, le bonjour se souhaite : « *Bonjou, chè, comment ou yé?* » (Turiault)[1].

Des genres, le créole ne se soucie guère, il

---

[1] *Et. sur le langage créole de la Martinique.*

les indique quelquefois en faisant précéder le mot du terme papa ou maman ; le plus souvent, il emploie indifféremment les noms comme s'ils étaient neutres ou associe des qualificatifs masculins à des noms féminins ; il ne s'inquiète pas davantage d'indiquer les nombres soit par des désinences, soit par des qualificatifs ; pourtant, le terme *yo* marque ordinairement la pluralité :

Mon femme ou *mon fume*, ma femme,
Yon poule, une poule.
Yon négress, yon nèg, une négresse, un nègre.
Mon z'enfant, mon enfant et mes enfants.
Bon zié, bon œil et bons yeux.
Bon zaureill, bonne oreille et bonnes oreilles.

Pas d'article ou un article incorporé au mot, absorbé dans le mot : *lagent, lanmou*, l'argent, l'amour (Martinique).

Il n'y a pas à proprement parler de conjugaison. Le verbe reste invariable. Quelquefois cependant, il semble qu'un accent sur la syllabe ultime, muette, indique le passé : *moin pas save* (moi pas savoir), je ne sais pas ; *moin pas savé*, je ne savais pas. Plus ordinairement, les trois temps principaux sont indiqués par des radicaux indépendants, comme dans le wolof et les autres idiomes de l'Afrique occidentale. Dans le créole martiniquais, par exemple, *ka* marque le présent, *té-ka* le passé, *ké* ou *kaille* le futur. Il y aurait aussi une indication du conditionnel (*sé, sré*) :

Chien ka modé, le chien mord.
Li té ka modé moin, il m'a mordu,
Sépent ke modé ou, le serpent vous mordra.
Tôti sé vôlé si li té tini plimm, la tortue volerait si elle avait des ailes.

Le créole nous a emprunté, plus ou moins exactement, nos prépositions, nos adverbes, nos conjonctions ; mais il a ses interjections et diverses locutions propres, souvent imitatives, à consonnances redoublées. C'est un apport du nègre, qui remédie à la pauvreté des mots-idées fixés dans sa cervelle, par des exclamations ou de brèves figures, résumant toute une association de sentiments, coupant aussi trop fréquemment le discours, à tort et à travers, sans la moindre raison.

Les *aïe, aïe, ché*, les *ça ou dit,* les *ou tanne*, etc., reviennent à chaque instant dans la conversation.

Ce langage singulier, simple de mécanisme, très imagé, se prête admirablement à l'expression des sentiments élémentaires, à la peinture des choses de la nature. Il est piquant et caressant tout à la fois dans la bouche des femmes ; pittoresque et quelquefois très mordant, sous une apparence de bonhomie naïve, dans la bouche des nègres. Comme notre Français du XVI° et du XVII° siècle, il peut se permettre beaucoup d'écarts,... sans mettre en effervescence les pudibonderies les plus scrupuleuses, et, sous la plume de quelques écrivains, il a enfanté une petite littérature pleine d'esprit, à conserver autant pour son intérêt philologique que pour les révélations qu'elle fournit sur les mœurs locales. C'est à l'œuvre des Marbot (Martinique), des Baudot (dit Fondoc, Guadeloupe), des Héry (Réunion), que l'on devra surtout se reporter, si l'on veut prendre une idée de cette littérature, trop ignorée parmi nous.

Dans les spécimens que je vais reproduire, j'ai conservé l'orthographe telle que je l'ai trouvée sur les pièces imprimées ou manuscrites.

PROVERBES

Ces maximes populaires, qui résument dans une courte phrase les observations et l'expérience des hommes, au cours de leurs relations quotidiennes, représentent comme une quintessence du bon sens et du génie des races, à leur période de dégrossissement. Les proverbes sont bien dans le goût du nègre, grand enfant sentencieux, qui aime à revêtir ses pensées d'une forme imagée. Beaucoup expriment des idées communes à tous les peuples ; mais l'enveloppe de l'idée varie suivant les lieux, comme les objets choisis pour servir de termes de comparaison. On retrouvera dans les proverbes créoles plus d'une pensée déjà formulée dans nos vieux proverbes ; mais les uns et les autres gardent le cachet propre de leur milieu.

PROVERBES HAÏTIENS (Saint-Domingue, Audain.)

Bouré empile pas allé avec piti figure.
Chique pas janmain respecté pié grand mouché
Moune qui rond pas capable vini carré.
Zafaire mouton, pas zafaire cabrite.
Toute bois cé bois, mais mapou pas cajou.
Toute pouesson mangé moune, cé requin seul qui pôté
La fimée pas janmaim lévée sans di fé.   [blame.

Traduction.

Trop de cheveux ne vont pas à petite figure.
Jamais chique (puce se logeant sous la peau des orteils) n'a
    [respecté le pied d'un grand personnage.
Mot à mot · monde qui (est) rond pas capable (de) devenir
    [carré. Chacun garde son caractère.
Les affaires du mouton ne sont pas celles du cabri (chèvre
    [sauvage).
Tout bois est bois, mais le mapou (faux acajou) n'est pas
    [de l'acajou.
Tous les poissons mangent le monde, c'est le requin seul
    [qui emporte blâme.
Pas de fumée sans feu.

PROVERBES DE LA MARTINIQUE (Turiault).

Ti hache coupé gouan bois.
Jadin loin gombo gâté.
Zié béké brilé zié nég.   [chimin.
Chien tini quate patte, mais li pas capabe prend quate

Zaffé cabritt pas zaffé mouton.
Padon pas ka guéri bosse.
Douvant poule ravett pas ni raison.
Ravett pas jammain assé fou pou li allé lapote pouleillé.
Ça qui prend zassocié prend maite.
Macaque pas jammain trouvé yche li laide.
Tropp bijou, garde-mangé vide.
Coup de langue pis mauvais piqû sépent.
Toutt cabinett tini maringouin.
Dent pas khé.

Traduction.

Petite hache coupe grand bois (avec de la patience, on vient à
[bout de tout).
Jardin loin, gombo (plante servant de condiment) gâté (les
[absents ont toujours tort, ou plutôt ce qu'on ne surveille
[pas se perd).
L'œil du blanc brûle l'œil du nègre.
Le chien a quatre pattes, mais il est incapable de prendre
[(à la fois) quatre chemins.
(Proverbe haïtien déjà cité.)
Demander pardon ne guérit pas le mal qu'on a fait.
Le ravet (cancrelat, insecte dont les poules se montrent
[friandes) n'a point raison devant la poule.
Le ravet n'est jamais assez fou pour aller à la porte du
[poulailler.
Qui prend associé prend maître.
Le singe ne trouve jamais son petit laid.
Trop de bijoux, garde-manger vide.
Coup de langue (est) plus mauvais que piqûre de serpent.
Tout cabinet renferme des maringouins (tout le monde a
[ses chagrins).
Les dents (ne sont) pas le cœur (le rire qui découvre les
[dents ne prouve pas toujours que le cœur soit gai).

PROVERBES DE LA GUADELOUPE

(recueillis par M. Brugère).

En amour, ci-là qui plis sotte, cé toujours li ka gadé canott.

Tini en pile moune toujou paré pou acheté,
Mais tanque a payé, machanne là peut chanté.

Si ou vlé nous reveni zami,
Faut pas ou soi bien avé mes zelmi.

Moin si mié cent fois maché ni pié que poté bel bitin qui
[pas payé

Pour zétrenne, gnon gros bouce l'agent
Vaut mié que n'importe qui compliment.

Traduction.

En amour, c'est toujours le plus sot qui garde le canot.

Il y a une foule de gens pour acheter,
Mais quand il faut payer le marchand peut chanter.

Si vous voulez que nous devenions amis,
Il ne faut pas que vous soyez au mieux avec mes ennemis.

J'aime cent fois mieux marcher nu-pieds que de porter de
[belles choses non payées.

Pour étrenne, grosse bourse d'argent vaut mieux que
[compliment.

FABLES ET APOLOGUES

« Le charme et l'intérêt des fables prennent leur source, non seulement dans le tour naturel et facile des vers, dans l'originalité piquante et heureuse de l'expression, dans le coloris des images, dans la justesse et la précision du dialogue, dans la variété, la richesse, la rapidité des peintures..., mais encore dans la naïveté du récit et du style. » (Marmontel.) Ce sont là des qualités qui dépendent de l'écrivain, et aussi de la langue dans laquelle il s'exerce. La Fontaine eût-il pu écrire ses admirables fables dans un autre langage que ce français-gaulois qui contribue à leur donner l'allure familière et gracieuse? Le créole se prête aussi au tour particulier de la fable ; il communique même aux traductions ou aux imitations des petites pièces de la Fontaine comme une saveur nouvelle. On en jugera par les adaptations de Marbot (*les Bambous*). La fable de Baudot *(les Animaux nobles)* est écrite dans un style un peu différent : elle vise très spirituellement un travers qui existe ailleurs qu'aux colonies, la manie de la particule et la morgue de caste.

LA CIGALE ET LA FOURMI

(Créole de la Martinique, Marbot).

Yon cigale y té tini
Qui toujou té ka chanté ;
Y té tini yon frommi
Côté li té ka rété.
Yon jou cigale té ni faim ;

Li ka chaché mòceau pain;
Li allé dit frommi là :
« Ba moin ti brin mangé, m'a
Ranne ou quand moin va trouvé
Quéchose qui bon pou mangé. »
(Zott save frommi pas aimein
Prêté ni longé la main.)
Li dit cigale : « Ché doudoux,
Ça ou ka fé tout les jou,
Pou ou pas tini mangé ? »
Cigale dit : « Moin ka chanté
Quand yo ka dansé bèlé. »
— « Anh ! anh ! ou ka chanté, ché,
Ça fé ou pas tini d'autt
Métié ? Eh ! ben, ché cocott,
Si ou faim, dans bamboula
Allé dansé caleinda. »

Traduction.

Une cigale il y avait
Qui toujours chantait ;
Et il y avait une fourmi
Qui demeurait à côté d'elle.
Un jour, la cigale eut faim ;
Elle cherche un morceau de pain ;
Elle va dire à la fourmi :
« Donnez-moi un peu à manger, je
Vous rendrai quand j'aurai trouvé
Quelque chose de bon à manger. »
(Vous autres savez que la fourmi n'aime pas
A prêter ni à allonger la main.)
Elle répond à la cigale : « Chère amie[1],
Qu'est-ce que vous faites tous les jours,

---

[1] Ché doudoux, terme d'amitié fréquemment employé par les mulâtresses.

Pour n'avoir pas à manger? »
La cigale dit : « Je chante,
Quand on danse ballet.[1] »
— « Anh ! anh ! vous chantez, chère,
Cela fait que vous n'avez pas d'autre
Métier? Eh bien ! chère cocotte[2].
Si vous avez faim, à la bamboula[3],
Allez danser caleinda[4].

LA GRENOUILLE ET LE BŒUF (Marbot)

Yon gounouille, qui té bô dleau,
Voué yon jou yon gros taureau,
Li dit pou camarade li :
« Moin ka parié moin vini
Gros autant com bef tala. »
Yo toutt prend ri : quia ! quia ! quia !
— « Ou pas gros com yon graine dé !
Faudrait ou té bien gouflé
Tou cò ou pou ou té sa
Vini aussi gros com ça. »
— Li dit : « Eh ben ! gadé, mi,
Zott va voué si moin menti.
Moin va meme allé pli loin,
Cala ou crabe tranglé moin ! »
Li commencé enflé cò,
Et pis li dit : « Gadé, a-to,
Si moin pas aussi gros press. »
— « Ou pas ni assez ladresse ;

---

[1] Dans le sens général de danse.

[2] Autre terme d'amitié.

[3] Danse créole. Expression ici employée dans le sens de lieu où l'on se réunit pour danser.

[4] Danse créole.

Avant ou fè ça, ou tanne,
Il faut ou mangé banane. »
— « Magré tout ça zott va dit.
Moin save, moin qui ni lesprit,
Moin va meme vini pli gros... »
Pouloss vente li pété : boh!
Boyaux li sôti dérhò,
Gounouille là té tini tô.
Toutt fois nèg vlé fè docté,
I faut souffri doulè,
Pace yo ka mett fins souliés.
Coué moin, ché, reté ni-piés !

Traduction.

Une grenouille, qui était au bord de l'eau,
Vit un jour un gros taureau ;
Elle dit à ses camarades :
« Je parie que je deviens
Grosse autant que ce bœuf que voilà. »
Elles toutes se mettent à rire : quia! quia! quia!
— « Vous n'êtes pas grosse comme un œuf!
Il faudrait que vous gonfliez joliment
Tout votre corps, pour que vous puissiez
Devenir aussi grosse que cela. »
— Elle dit : « Eh bien! regardez, tenez,
Vous allez voir si je mens.
Je vais même aller plus loin,
Que le calalou-crabes[1] m'étrangle! »
Elle commença à enfler son corps
Et dit ensuite : « Regardez maintenant,
Si je ne suis pas aussi grosse presque. »
— « Vous n'avez pas assez d'adresse;

---

[1] Soupe épaisse aux légumes, à la racine d'igname et aux crabes. Juron créole.

Avant que vous fassiez cela, vous entendez [1].
Il faut que vous mangiez des bananes. [2] »
« Malgré tout ce que vous direz,
Je sais, moi qui ai de l'esprit [3],
Que je deviendrai même plus grosse. »
Pour lors son ventre éclata : boh !
Ses boyaux sortirent dehors.
Cette grenouille avait eu tort.
Toutes les fois que le nègre veut faire le docteur,
Il souffre peine,
Parce qu'il lui faut mettre fins souliers [4];
Croyez-moi, cher, restez nu-pieds !

LA LAITIÈRE ET LE POT AU LAIT (Marbot)

Té ni yon négresse, zott tanne,
Qui té tini yon pott lait.
Li té ka lé dans bouq vanne
Laitt là. A foce li té bête,
Dans chimin li ka compté
Evec lagent yo va pé
Ba li pou machandise li,
Ça li va fé. « A présent,
Li ka dit, m'a fé pain-mi
M'a allé vanne dans lari,
Cà va ba moin gros lagent ;
Après m'a fé diri doux,
Macriau frit, calalou,
M'a vanne ça pour nèg canot

---

[1] Ou tanne, locution revenant sans cesse dans le parler créole.

[2] Fruits sucrés et féculents du *Musa sapientium* et du *Musa paradisiaca*.

[3] Qui ai de l'expérience.

[4] Gênants pour les gros pieds du nègre.

Moin va pé fè jouque mabi,
Et pis m'a vanne pouesson frit,
Losi, zabocat, mango,
Tout ça va ba moin lagent.
Moin va gagnein belle mouchouè,
Moin va faraud. A présent,
Quand moin va desçanne Saint-Pié
Evec yon chimise brodé,
Belle jipe, belle souliers dans pié...
Allons donc! Moune vo sòti
Pou yo voué moin : aïe! aïe! aïe!
Y'a dit : ça pas yon canaille... »
Vouélà li congnein pied li :
Tout longue a tè li tombé ;
Toutt pott laitt là renvessé.
Yon sel coup li vouè à tè
Toutt bagage li té lé fé.
Pauve femme commencé pléré
Evec pangnien chaviré
Lassous tête li, li allé
Conté ça pou mari li,
Qui ba li yon ti fionfion,
Pou fè li fè attention
Yon lautt fois, et pis dit li
(Couté ça conte là ka dit) :
Jamais dans moune nous pas doué
Ladans poule compté zè.

Traduction.

Il y avait une négresse, vous entendez,
Qui avait un pot de lait.
Elle allait dans le bourg vendre
Ce lait. Elle était si bête,
Que, dans le chemin, elle comptait

L'argent qu'on lui pourrait
Donner pour sa marchandise,
Ce que cela ferait. « A présent,
Dit-elle, je ferai des petits pains,
J'irai les vendre dans la rue,
Cà me donnera gros argent ;
Après, je ferai du riz doux,
Des maquereaux frits, du calalou,
Que je vendrai aux nègres canotiers ;
Je ferai jusqu'à du mabi [1],
Et puis je vendrai du poisson frit,
Losis [2], avocats [3], mangos [4],
Tout cela me donnera de l'argent.
Je gagnerai de beaux mouchoirs [5],
Je serai faraude. A présent,
Quand je descendrai à Saint-Pierre [6],
Avec une chemise brodée,
Une belle jupe, de beaux souliers aux pieds,
Allons donc ! le monde sortira
Pour me voir : aïe ! aïe ! aïe !
Qu'on dira : ça n'est pas une canaille [7]... »
Voilà qu'elle cogne son pied
Et que de tout son long elle tombe par terre ;
Tout le pot de lait est renversé ;
D'un seul coup, elle voit à terre
Tout le rêve qu'elle avait fait.
La pauvre femme se mit à pleurer,

---

[1] Bière fabriquée avec l'écorce d'une rhamnée et des copeaux de gaïac.

[2] Mets créole.

[3] Fruits du *laurus persea*.

[4] Fruits du *mangifera indica*.

[5] Foulards de tête.

[6] La ville du haut commerce à la Martinique.

[7] Une femme de rien.

Son panier chaviré
Sur sa tête ; elle alla
Conter son histoire à son mari,
Qui lui donna un petit fionfion[1]
Pour lui faire faire attention
Une autre fois, et qui lui dit ensuite
(Ecoutez bien cela) :
Il ne faut jamais
Dans la poule compter les œufs.

LES ANIMAUX NOBLES (Baudot *dit* Fondoc, Guadeloupe).

Longtemps dans temps jadis, quand toutes zanimaux
Tè tini la parole, yo té fiers et fiscaux.
Absolument tant con des mounes moin connaite,
Qui té vlé changé peau pou yo pas tè paraite
Au clair ça yo té yé. Tè tini a gogo
Qui tè ca combiné pou papa maman yo
Et bisaiel a yo té soti dans grand race,
Pou té paraite nobe et monté dans grand place,
Tant con bien des béquets. Alors et pou los don,
Lapin, macaque et pan, bouriquette et dindon,
Mouton et léopard, té metté dans gazettes
Yo té nobes tout sels, dans mitan toutes bêtes.
Macaque té nommé li : Gros mouché li Baron.
Bouriquète signé : Li comte Alibouron.
Dindon coupé nom li, gouflé con gnon gros coffe,
Entre D et l la, li fou gnon lapostrophe.
Mouton nié papa li, à Paris li foulquant,
Dans gnon bureau ou té pou gnon pougni lagent,
Yo qua changé nom vous, moyen malpropre ignobe,
Li rotirier qua pouan, pou li divini nobe.
Alos yo nommé li vicomte Moutonné.

[1] Euphémisme créole pour volée de coups.

Par blason certifié, soué disant li té né
D'un maman dout auquel qui soti dans fesse,
A mouché Jupiter, biche a gnon grand déesse.
Léopard pouan aussi, li dit pas bâtard,
Li chicaillé nom li, et signé : Le Oppard,
En soutinant fiérment, firié, bien en colère,
Cé cou ça nom à li écrit dans dictionnaire.
Sitôt chien tendé ça li commencé japé.
Li dit nobe aussi, tité a li pas rapé.
Douvant nom a li avec gnon grand ladresse,
Li metté gnon gros De, signé di la noblesse :
De Chien ! Ca té joli ! Apoué ? Et pouquoi pas.
Est-ce que chaque jou, dans gnon semblable cas,
Moune pas qua tombé tout aussi bien que bête?
Différence ? n'a point : Taupin vaut bien Maurette.
Quant à gouti li dit : moin bien plisse qui yo
Noblesse a moin qua pouan dêpi dans temps colo,
Pas tini deux con moin pou batte la cornette,
Et qui apoué nom li, tini li droit di mette
Li nom a pays-là, ai ti li habitant.
Aussi li qua signé : Gouti de Baillargent.
Lambi, li faire autant, li noble par patente.
Dit-il, et li signé : Jean Lambis de Bouillante.
Lapin ça ti vantas, et Pan idem dito,
Yo té mette gnon li douvant nom a yo.
Li lapin ! et Li Pan ! çà té vouément caucasse.
Mais ça pas té nouveau, yo té suive la trace
Là où est-ce bien des gens té passé douvant yo.
Faut avoué, mes amis, yo toutes bien nigo.
L'ambition fait yo tomber dans la folie.
..... C'est la glouère et les bels sentiments,
Qui qua porté nom vous dans les grands ventements,
Talents seuls qua datés, pour monté dans grand place,
Et pas bisoin pou ça vous soti dans grand race.

. . . .
. . . .

Traduction.

Il y a bien longtemps, quand tous les animaux
Possédaient la parole, ils étaient fiers et prétentieux [1],
Absolument comme beaucoup de gens que je connais,
Qui voudraient changer de peau pour ne pas paraître
Tels qu'ils sont. Il y en avait à gogo
Qui faisaient combinaisons pour que leur père et leur
[mère
Et leurs bisaïeuls sortissent de grande race,
Afin de paraître nobles et de monter aux grandes places,
Tout comme maints blancs. Alors donc,
Le lapin, le singe, le paon, l'âne et le dindon,
Le mouton et le léopard firent mettre dans les gazettes
Qu'ils étaient seuls nobles entre toutes les bêtes.
Le singe se nomma : gros monsieur le baron.
Le bouriquet signa : Le comte Aliboron.
Le dindon, gonflé comme un gros coffre [2], coupa son
[nom,
Entre D et I plaça une apostrophe.
Le mouton renia son père ; il alla à Paris,
Dans un bureau où, pour une poignée d'argent,
On change votre nom, besogne malpropre et ignoble,
De roturier on vous fait noble,
Et on l'appela : le vicomte Moutonné.
Par blason certifié, il fut soi-disant né
D'une mère, sortie de la cuisse
De monsieur Jupiter, et (déclaré) fils d'une grande déesse.
Le léopard à son tour dit qu'il n'est pas bâtard.
Il arrange son nom et signe : Le Oppard,
Soutenant avec fierté, furie et colère,
Que c'est ainsi que son nom est écrit dans le dictionnaire.
Dès que le chien apprend cela, il commence à japper ;

---

[1] Comme des employés du fisc.

[2] Poisson qui se gonfle.

Il se dit noble aussi, réclame son titre,
Et devant son nom avec une grande adresse
Met un gros De, signe de la noblesse :
De Chien! C'était du joli ! Après ? Pourquoi pas ?
Est-ce que chaque jour, en de semblables cas,
Le monde ne tombe tout aussi bas que les bêtes?
Quelle différence ? Point. Taupin vaut bien Maurette.
Quant à l'Agouti [1], il dit : Bien plus qu'eux
J'ai droit de faire remonter ma noblesse au temps des
[colons,
Il n'y en a pas deux comme moi pour battre cornette,
Et qui après leur nom puissent mettre
Le nom du pays,.....
Et il signa : Agouti de Baillargent.
Le lambi en fit autant, noble par patente
Il se dit et signa : Jean Lambi de Bouillante [2].
Le lapin c'est vantard et le paon aussi :
Ils mirent un Le devant leur nom,
Le Lapin, Le Paon, c'était vraiment drôle.
Mais ce n'était pas nouveau, on suivrait la trace
De bien des gens qui avaient précédé.
Il faut avouer, mes amis, que tout ce monde était bien
[nigaud.
L'ambition fait tomber dans la folie.
..... C'est la gloire et les beaux sentiments
Qui portent votre nom aux grandes renommées,
Les talents seuls comptent; pour atteindre aux grandes
[situations,
Il n'est pas besoin de sortir de grande race.

. . . .
. . . .

[1] Rongeur dont l'espèce est particulière aux Antilles.

[2] Le lambi est un mollusque qu'on recherche à cause de sa chair et de la perle qu'il renferme ; il est commun sur les rochers de Bouillante.

CHANSONS

Le créole ne convient pas moins au genre léger de la chanson qu'à la fable. Il est très propre à exprimer avec vivacité, gaîté et sentiment, l'amour et la galanterie, à reproduire avec finesse et bonhomie certains récits d'aventures locales, toutes choses que l'on aime à répéter entre amis, avec les petites licences abritées sous la double modulation de la rime et de la note musicale.

LISETTE (ancien créole de Saint-Domingue) [1].

Lisette quitté la plaine,
Mo perdi bonheur à moué;
Zieu à moué semblé fontaine,
Dampi mo pas miré toué.
La jour quand mo coupé canne,
Mo songé z'amour à moué ;
La nuit quand mo dans cabane,
Dans dromi mo quimbé toué.

Si to allé dans la ville,
Ta trouvé jeune Candio,
Qui gagné pour tromper fille,
Bouche dou passé sirop.
To va crer yo ben sincère,
Pendant quior yo coquin trop ;
C'est serpent qui contrefaire ;
Crié rat pour tromper yo.

[1] Créole et traduction d'après Ducœurjoly (*l. c.*, II, 392).

Dipi mo perdi Lisette,
Mo pas soucié *Calinda*, [1]
Mo quitte *bram-bram sonnette* [2],
Mo pas batte *bamboula* [3].
Quand mo contré l'aut'négresse
Mo pas gagné z'yeu pou ly ;
Mo pas souchié travail pièce,
Tou qui chose à moué mouri.

Mo maigre tant com nion souche,
Jambe à moué tant com roseau.
Mangé n'a pas dou dans bouche,
Tafia l'y tant comme d'yo.
Quand moué songé toué, Lisette,
D'iau toujours dans z'yeu à moué.
Magnier moué vini trop bête,
A force chagrin mangé moué.

Lisette, mo tandé nouvelle,
To comté bentôt tourné :
Vini donc toujours fidelle,
Miré bon passé tandé.
N'a pas tardé davantage,
To fair moué assez chagrin,
Moué tant com zozo dans cage,
Quand yo fair ly mourir faim.

Traduction.

Lisette, tu fuis la plaine,
Mon bonheur s'est envolé,

---

[1] Danse de nègres.

[2] Ceinture à sonnettes que revêtaient les danseurs.

[3] Tambour donnant la mesure ; bamboula signifie également danse avec accompagnement de tambour.

Mes pleurs, en double fontaine,
Sur tous tes pas ont coulé.
Le jour, moissonnant la canne,
Je rêve à tes doux appâts.
Un songe, dans ma cabane,
La nuit, te met dans mes bras.

Tu trouveras à la ville
Plus d'un jeune fréluquet ;
Leur bouche avec art distille
Un miel doux, mais plein d'apprêt ;
Tu croiras leur cœur sincère :
Leur cœur ne veut que tromper ;
Le serpent sait contrefaire
Le rat qu'il veut attraper.

Mes pas, loin de ma Lisette,
S'éloignent du Calinda,
Et ma ceinture à sonnettes
Languit sur mon bamboula.
Mon œil de tout autre belle
N'aperçoit plus le souris ;
Le travail en vain m'appelle,
Mes sens sont anéantis.

Je péris comme la souche,
Ma jambe n'est qu'un roseau ;
Nul mets ne plaît à ma bouche,
La liqueur s'y change en eau.
Quand je songe à toi, Lisette,
Mes yeux s'inondent de pleurs.
Ma raison lente et distraite
Cède en tout à mes douleurs.

Mais est-il bien vrai, ma belle,
Dans peu tu dois revenir ?
Ah ! reviens toujours fidèle,

Croire est moins doux que sentir,
Ne tarde pas davantage,
C'est pour moi trop de chagrin ;
Viens retirer de sa cage,
L'oiseau consumé de faim.

CHANSON DE LA RÉUNION[1]

Si moin l'a té capab bien crire,
Comm moin l'a té crire Bourbon
Moin l'aurai envô-ye à vous lire
In zoli petit, petit çanson,
Mai moin n'a pis rien dans mon tête,
Mon cevés même y vient viès, viès,
Mon seprit la veni betbête,
De pis que moin la vi voutt ziès.

Lautt soir, si moin l'avé la force,
Sauté, sauté comme cabris,
Qu'à mèm moin là père zantorse,
Moin l'aurai defoncé zambris,
Mai non, moin n'a pis gambegambe,
Comm moin l'a té dann l'autefois.
Vous mèm qué la casse mon zambe,
De pis que moin l'a coutt voutt voix.

Mon corps, mon seprit, mon manière,
Az'ourdhi tout ça l'a çanzé,
Sai pas si vous n'a pas sourcière,
Petett vous l'aranz mon mangé,
Moin qu'étai un famé créyole,
Que la vi de flamm dann volcan,
A présent (à que ça l'est drôle)
V'la moin l'est tout sai pas comment.

[1] Rapportée par Volsy Focard.

Traduction.

Si j'étais capable d'écrire,
Comme je le faisais jadis à Bourbon,
Je vous aurais envoyé à lire
Une jolie, jolie petite chanson.
Mais je n'ai plus rien dans la tête,
Mon cerveau devient vieux, vieux,
Mon esprit tourne à la bêtise,
Depuis que j'ai vu vos yeux.

L'autre soir, si j'en avais eu la force,
J'eusse sauté comme un cabri,
Et même au prix d'une entorse,
J'aurais brisé les obstacles (qui me séparaient de
Mais je ne suis plus ingambe, [vous).
Comme autrefois,
Vous m'avez cassé les jambes,
Depuis que j'écoute votre voix.

Mon corps, mon esprit, mes manières,
Aujourd'hui tout cela a changé ;
Je ne sais si vous n'êtes sorcière,
Peut-être avez-vous jeté un sort dans mes ali-
Moi qui étais un fier créole, [ments :
Que (n'effrayaient pas) les flammes d'un volcan,
Maintenant (ah ! que c'est drôle !)
Me voilà tout je ne sais comment.

CHANSON DE LA GUADELOUPE [1]

Ca moin conté c'est pas yon rêve,

---

[1] Ce petit conte grivois, bien dans le goût créole, a été chanté devant moi par un gérant d'habitation et transcrit sous sa dictée.

C'est yon histoire qui vraiment vraie,
Yon femme la Pointe ka vive sans honte
Avec milâtes, nègues et béqués.

(*Refrain*)

Bik-blak ! z'affaire là belle !
Secret là li devoilé, magré yo di n'a pas palé.
Ah ! la joli pitit nouvelle !

Yon femme la Pointe ka vive sans honte
Avec milàt, nègue et béqué ;
Yon jou yo ké couché ensemble,
Magré cord'gnam pas maré gnam.

Milat rentré en premier,
Li prend zoli comme chien la halle.
Au même instant yo ka cogné.
Femme la fouté i dans yon malle.

Nègue rentré : commencé beau
Li ka fé friget en lambeau.
Au même instant yo ka cogné,
Voilà béqué qui ka rentré.

Femme là di li n'a pas caché ;
Béqué rentré : « Que veut ce garçon ? »
— « C'est yon nhom mon voyé chéché
« Pou poté malle là à Grippon.

« C'est yon nhom moin ka veillé,
« Ou aidé, moin chagé, malle là,
« A nous dé allons essayé. »
Si tête à nègue yo fouté malle.

Tout long chimin, nègue ka controlé,
Ka refléchi, malle loude, ka révé,
Li ka dit : « Femme là c'est une nation qui roué ! »
La malle là répond : « A pas palé ! »

Nègue fou chage là à té,
Prend course, i tini peur,
En chimin seul parol li di :
« Malle ka palé ! Femme yo maudit ! »

Traduction.

Ce que je vais vous raconter n'est pas une inven-
C'est une histoire vraie,   [tion,
Celle d'une femme de la Pointe-à-Pitre qui vivait
                      [sans honte
Avec des mulâtres, des nègres et des blancs.

Bik-Blak ! la belle affaire !
Le secret a été connu malgré qu'aucun des
Ah ! la jolie petite nouvelle.   [acteurs n'ait parlé.

Une femme de la Pointe vivait sans honte
Avec un mulâtre, un nègre et un blanc.
Un jour ils avaient pris rendez-vous avec la belle.
Mais elle ne les pouvait recevoir à la fois [1].

Le mulâtre entre le premier,
La prend avec l'ardeur d'un chien [2].
Au même instant, on frappe (à la porte),
Et la femme met l'amant dans une malle.

Le nègre entre : il va bien [3] !
Au même instant, on frappe.
Voilà le blanc qui rentre.

---

[1] Le proverbe : *malgré la corde qu'elle produit, l'igname n'amarre pas l'igname*, par allusion aux tiges grêles, longues, mais sans résistance du *Dioscorea alata*, qui ne peuvent servir à ficeler les paquets de racines. Ce proverbe est employé pour exprimer cette idée, que, malgré son adresse, la femme ne parvient pas à unir devant elle plusieurs amants.

[2] *La halle*, la happe, la saisit avec frénésie.

[3] *Fé friget en lambeau*, locution pour exprimer une ardeur qui brise tout obstacle.

La femme dit au noir de ne pas se cacher.
Le blanc s'écrie : « Que veut ce garçon ? »
— « C'est un homme que j'ai envoyé chercher
« Pour porter cette malle à Gripon [1].

« C'est un homme que j'ai retenu,
« Vous allez m'aider à charger cette malle,
« A nous deux nous allons essayer. »
Sur la tête du nègre, on met la malle.

Tout le long du chemin, le nègre pense à ce qui
[vient de lui arriver ;
Il réfléchit, trouve la malle lourde et, comme
Se parlant à lui-même : « Cette femme est une
[gaillarde bien rouée ! »
La malle répond : « Taisez-vous. »

Le nègre jette sa charge par terre,
Prend sa course, saisi de peur,
Et en chemin ne cesse de se répéter : [dite ! »
« La malle a parlé ! Cette femme est une mau-

ARIETTE

(Tirée d'une opérette de Baudot. Fondoc est mis en scène, sous la figure d'un jeune nègre que la fortune vient de favoriser ; il s'avance habillé en gros monsieur, mais très gêné déjà des obligations que lui impose sa nouvelle position.)

Gros cravate là ka touffé moin,
Gros chapeau là ça trop vilain,
Souliers là ka blessé pieds moin,
Gants là ka géné moin dans main,
Pou fourré ça cé gnon grand train.
La fôtune cé vié bitin !

---

[1] Le Gripon, bourg voisin de la Pointe-à-Pître.

L'o et l'agent ça plein tintouin,
Dans grand moune faut trop de soin,
Et de tout ça moin plein, moin plein !

    Moin pas bisoin richesse.
    Pas pli que grand maîtresse.
    Ça ka baye tristesse.
    Vaut mié jène négresse,
    Pou moin qui plein tendresse,
    Et qui tini sagesse.

    Grand l'opilence
    Tini souffouance.
    Qué différence
    Quand la si l'anse,
    Sans gants ni gance,
    Ni manigance,
    Ni-pié dans sabe
    Pou quimbé crabe !

    Dé grands châteaux
    Qué pleins gâteaux,
    Pou moin pas vaut
    Paté coco,
    Figue poto,
    Ni grignoco,
    Bon ti mabi,
    Chilibibi,
    Gname batà,
    Fouane malanga.

    Avec gnon reine
    Tini la gène,
    Cé toujou peine.
    Cé com gnon chaîne.

Avé Thérèze,
Ou pli à l'aise,
Sans banc ni chaise,
Au bô falaise.
Là si zèbe, l'amou
Tini aucun détou.
Li ka vive toujou,
La nuit com lé jou.

Traduction.

Cette grosse cravate m'étouffe,
Ce gros chapeau, c'est par trop laid,
Ces souliers me blessent les pieds,
Ces gants me gênent aux mains.
Pour mettre tout cela, c'est trop grand train.
La fortune est une sotte chose [1]
L'or et l'argent, c'est plein de tracas,
Dans le grand monde il faut trop de soins,
Et de tout cela, j'en ai assez, assez!
Je n'ai pas besoin de richesses,
Pas plus que d'une maîtresse de grand monde,
Ça donne de la tristesse,
J'aime mieux une jeune négresse,
Pour moi remplie de tendresse
Et qui se tient sage.

Grande opulence
Cause souffrance,
Quelle différence,
Quand (on va) sur le rivage (à l'anse),
Sans gants ni falbalas.

---

[1] Chose vieille, usée, bonne à rien.

Pieds-nus dans le sable,
Pour attraper les crabes.

De grands châteaux (plateaux, pyramides)
Pleins de friandises,
Pour moi ça ne vaut pas
Gâteau de coco [1],

Figue-poto [2],
Grignoco [3],
Bonne petite bière de mabi [4],
Chilibibi [5],
Igname bâtarde [6],
Franc-malanga [7].

Avec une reine,
Il y a de la gêne,
C'est toujours ennuyeux,
C'est comme une chaîne.
Avec Thérèse,
On est plus à l'aise,
Sans banc ni chaise,
Au bord de la falaise.
Sur l'herbe, l'amour
N'a point de détours.
Il vit toujours,
La nuit comme le jour.

[1] Pâtisserie créole.
[2] Espèce de figue sauvage
[3] Mélange de farine de manioc et de gros sirop.
[4] Voir une des notes précédentes.
[5] Farine fine de maïs.
[6] Racine féculente.
[7] Racine féculente.

PIÈCE SATIRIQUE

(Baudot parodie les façons autoritaires d'un ancien gouverneur de la Guadeloupe. Fondoc, transformé cette fois en gouverneur, adresse à ses administrés la proclamation suivante.)

Habitants foute [1] !

Z'autes pas té coué moin sré monté General, ça embête z'autes, quand z'autes tenne di : Fondoc té monté Gouvelné. A pouésant, moin chef, moin ké fé z'autes voué comment lambi ka monté à cheval. General la Fouance écrit moin you grand billet, li ka di en pile bitain dans papié là ; li ka ba moin cate blanche pou moin fé ça moin vlé.

Si moin di z'autes, z'habitants f..., moin pas savé oti moin doué commencé. Tini trope d'abis dans pays-ci, trop time-time, trop chiquette à chiquette.

D'abord, f..., moin pas vlé z'autes jeté pot de chambre dans canal, cà ka pite trope, z'autes tini négrillons, bord la mer, fé chayè.

La comminale en mal d'enfant, secrétaire ka écrit vente terre, plime à li ka couri con agouti ; çà pas empêché toutes z'affés kalé à fond bel fond, vié mirailles ka tombé là sis moune, zèbes ka poussé dans la rie, caca dans canal, tanque moin pas kalé fourré nez à moin nez à z'autes là dans, z'affé pas kalé maché douéte.

Commissé di police ka maché cou tòti, faudrait yon bon bougre là !... Cousin Coco !... En vouéla un homme dònt auquel !

Z'habitants f... ! moin kalé moin même dans toutes comminales, moin ké passé en rivi toutes minicipaux, toutes jiris cantonnales, li premier qui pas ka reponne bien, moin ka cassé li nette con torchette, moin vlé fé z'autes

[1] Habitants, f...! (à force d'être employée, cette exclamation a perdu de sa grossière trivialité, dans le langage créole).

pède toutes mauvaises l'habitude vantas à z'autes là ; z'autes ka coué moin pas ka changé toute moqué la yo moqué z'autes dans ces derniers temps passés ?

Z'autes ka coué pou trapper bon place, siffit tini quilottes sous-pieds, n'habits grands basses, linettes vètes : vè ti couri, maudit salopri ! C'est l'esprit qui maite, l'agent ka gouvelné et com z'autes bêtes, z'autes pas tini li son.

Z'habitants f...! z'autes pas ka fé attention à z'autes, z'avocats, z'huissiers, notés ka c... z'autes. Tini un z'avocat, outanne, pou grossi l'écritu à li, li mette chansons à Beranger là dans ; un z'huissier li baille yon la sommation... Fondagnan rinoncé li l'écritu a li ; un noté pour yon ti sicession de quate sous, li fé yon l'inventé qui té kalé vingt deux lives au poids de balance, phouase su phouase, pou di quoi ? Ayen... Moin ké redui yo, va ! Tonné !

Z'habitants, f... Moin kalé moin même dans tribinal avé rigouèse à moin ; primié z'avocat qui ka palé fin non recevoi, conclision motivée, renvoi de la cause, moin ka fou li : gnan ! là si dos ; moin vlé yo plaidé bitain la mème sans chaché midi à quatorze hé.

Pé ka gangné trope l'agent, z'autes vlé di moin pou yon ti l'entément de quate sous, pou yon s... ti goutte d'eau benite, yo ka jeté lassis moune mò là, yo ka mandé ou des gros cent fouances. Tonné ! Compte à yo bon !

Z'abitants, f...! Moin pas ka di z'autes, l'ordonnaté pas yon bon n'homme ; mais tini trope commis ; ka yo ka fé ! Ayen !... Taillé plimes, mangé bonbons, peigné favoris, taillé zongues, guetté dans glace, chiré zòdi papier, la moitié ka gagné trope, l'aute motié pas ka gagné assé, et tout ça pour baille soldats un ti ration lougue con douète, yo ka fé en pile comptes, précomptes, la chiffe et la calcul, parenthèse, lacolade... Bon pou ci, bon pou ça...

Bireau l'intérié : O guiongue, guiongue, guiongue ! c'est ça yon bitain qui mélé... Mais moin ka fou Fondagnan là, moin ka nommé li Directé l'intérié, l'estérié, derié con douvant, apoué ça z'autes ké voué z'affé !

...... Z'abitants, f...! Moin tombé la sis dos l'hopital, yo pas trouvé pinaises té ka modé moune assez, yo allé chaché sangsues, des bêtes qui vous fougonnent jusqu'au fond boyaux. Yo allé baille des noms pesonne pas jamais tenne à des maladies toute moune connaite, mais positive. Oti yo pouan tout ça ? Typhos, Typhoïd, couiscos, couiscas, gasté, qui gasté eh ça ? Eh f...! Di tout bonnement la jaunisse, mal au vente, fièvre pitride, flixion potrine, fièvre di quatier, véréte, quiololo, toute moune connaîte ça...........

Z'habitants, f...! Moin ka di z'autes les foués et les sères ça pas bon bitain ; mais y faut moin allé moin même dans l'école à ces manmailles là, couapé ces grands négresses là, ces grands nègres à grand bâbe là ; fé yo voué : li écrit, pas ka empêché travail té ; sans magnocs, adié gnam, gnam ; sans café et sicre, adié touèle, madras, parasol, cornichons, au lié z'assiettes pocelaines, z'autes ké trappé couis. La houe ! La houe ! Z'habitants, ça kalé à la peau de toutes coulés, et chongé bien ça, primé chagrin, dans moune, boyaux vides...

(Et Fondoc, après avoir signalé bien d'autres choses qu'il voit d'un mauvais œil, déclare qu'il est prêt à recevoir les avis et les réclamations de tout le monde, des blancs et des mulâtres comme des nègres, des riches et des pauvres ; mais il veut de bonnes raisons...)

sans quoi, Tonné ! moin ké fouté z'autes à la pote.

Traduction.

Vous ne vouliez pas croire que je deviendrais général, cela vous ennuie d'entendre dire : Fondoc est gouverneur ! A présent, je suis chef et vous ferai voir comment les lambis montent à cheval (les choses les plus étonnantes). Le général La France m'a écrit une grande lettre toute pleine de choses ; il me donne carte blanche pour faire tout ce qui me plaira.

Si je vous dis, habitants, f.... Je ne sais par où commencer.

Il y a trop d'abus dans ce pays-ci, trop de train-train et de chamaillerie.

D'abord, f...! Je ne veux pas que vous vidiez vos vases dans le canal (allusion à une habitude locale déplorable), cela sent trop mauvais et vous avez des négrillons pour les porter au bord de la mer.

La commune est en mal d'enfant, secrétaire d'écrire ventre à terre, sa plume de courir comme un agouti; ça n'empêche pas toutes les affaires d'aller en beau fond; les vieux murs tombent sur le monde, les herbes poussent dans la rue, les ordures remplissent le canal; tant que je n'aurai pas mis mon nez et les vôtres dans tout cela, les affaires n'iront pas droit.

Le commissaire de police se remue comme une tortue; il faudrait là un bon b..., le cousin Coco! En voilà un homme!

Habitants, f...! J'irai en personne sur toutes les communes, je passerai en revue tous les (conseillers) municipaux, tous les jurys cantonnaux, et le premier qui ne répond pas bien, je le casse net. Je veux vous faire perdre toutes vos mauvaises habitudes de gloriole. Et on croit que je ne détruirai pas tous les ridicules des temps passés?

Vous croyez que pour attraper les bonnes places, il suffit d'avoir des pantalons à sous-pieds, des habits à grandes basques, des lunettes vertes : voulez-vous bien courir, vilains! C'est l'intelligence qui est la maîtresse, c'est l'argent qui gouverne, et vous autres vous êtes des imbéciles, qui n'avez pas le sou.

Habitants, f...!

Vous ne faites par attention à un tas d'individus, avocats, huissiers, notaires, qui vous grugent.

Il y a un avocat, entendez bien cela, qui pour grossir ses écritures, y glisse des chansons de Béranger; un huissier délivre une sommation, Fondagnan (le compère de Fondoc, en ses diverses métamorphoses) renonce à la déchiffrer; un notaire pour une misérable succession dresse un inventaire, qui pèse à la balance 22 livres de phrases, et pourquoi? Pour rien. Je leur rognerai les ongles, tonnerre!

Habitants, f...! j'irai en personne au tribunal avec une latte, et le premier avocat qui parle de fin de non-recevoir, de conclusion motivée, de renvoi de la cause, je lui en administre de bons coups sur le dos, v'lan! Je veux qu'on plaide les affaires sans chercher midi à quatorze heures.

Les prêtres gagnent trop d'argent. Voulez-vous me dire si, pour un enterrement de quatre sous, pour une s... petite goutte d'eau bénite qu'ils jettent sur le mort, ils ont bien le droit de demander de gros cent francs! Tonnerre! Leur compte est bon!

Habitants, f...! Je ne vous dis pas que l'ordonnateur (l'administrateur en chef ; ses fonctions sont aujourd'hui dévolues à divers chefs de service qui relèvent directement du gouverneur) ne soit un excellent homme. Mais il a trop de commis ; et que font-ils ?... Rien. Ils taillent des plumes, mangent des bonbons, peignent leurs favoris, rognent leurs ongles, se regardent dans la glace, déchirent aujourd'hui le papier (qu'ils ont noirci hier); la moitié d'entre eux gagne trop et l'autre pas assez ; et tout cela, pour donner aux soldats une ration (de viande) longue d'un doigt, on fait des piles de comptes et de décomptes, avec chiffres, calculs, parenthèses et accolades... Bon pour ceci, bon pour cela.

Le Bureau de l'Intérieur (administration des affaires locales) ! oh ! oh ! oh ! quel méli-mélo ! Mais je mettrai là Fondagnan, je le nomme directeur de l'intérieur, de l'extérieur, etc. Après cela, vous verrez !

... Habitants, f...! Je tombe à l'hôpital ! On n'a pas trouvé que les punaises y mordaient suffisamment le monde et l'on a été chercher des sangsues, des bêtes qui vous remuent jusqu'au fond des entrailles. On donne des noms que personne n'entend à des maladies que tout le monde connaît. Mais, positivement, où prend-on tout cela : typhus, typhoïde, couiscos, couiscas, gâté, gâté quoi ? Eh ! qu'on dise tout bonnement la jaunisse, le mal de ventre, la fièvre putride, une fluxion de poitrine, une fièvre de quartier, la véréte, quiololo, tout le monde connaît cela !...

Habitants, f...! Je vous dis que les frères et les sœurs ça ne vaut rien ; mais il faut que j'aille aux écoles de ces marmailles, pour secouer ces grandes négresses, ces grands nègres à grande barbe. Voyons ; il écrivent ! Ça n'empêche pas de travailler la terre ; sans manioc, pas d'igname ; sans café et sans sucre, adieu toiles, madras, parasols, cornichons ; au lieu d'assiettes en porcelaine, il ne restera que les couis (calebasses servant de vaisselle)[1]. La houe ! La houe ! Habitants, elle convient aux peaux de toutes les couleurs, et songez-y bien, la première peine ici-bas, c'est d'avoir le ventre vide...

---

[1] Parce que les produits du sol venant à manquer, il n'y aura plus d'échanges.

TABLE

Pages.

Préface 5
Chapitre 1er. Les origines de la population 7
Chapitre II. Le caractère et l'esprit 55
Chapitre III. Les mœurs privées. 149
Chapitre IV. Les mœurs publiques. 199
Chapitre V. Le langage 251

ÉVREUX, IMPRIMERIE DE CHARLES HÉRISSEY

www.ingramcontent.com/pod-product-compliance
Lightning Source LLC
Chambersburg PA
CBHW071141160426
43196CB00011B/1968